Regionale Verteilung
der Beschäftigung in Deutschland

SCHRIFTEN ZUR EMPIRISCHEN WIRTSCHAFTSFORSCHUNG

Herausgegeben von Peter M. Schulze

Band 14

PETER LANG
Frankfurt am Main · Berlin · Bern · Bruxelles · New York · Oxford · Wien

Anke Koch

Regionale Verteilung der Beschäftigung in Deutschland

Panel- und Zähldatenmodelle

PETER LANG
Internationaler Verlag der Wissenschaften

Bibliografische Information der Deutschen Nationalbibliothek
Die Deutsche Nationalbibliothek verzeichnet diese Publikation in der Deutschen Nationalbibliografie; detaillierte bibliografische Daten sind im Internet über <http://www.d-nb.de> abrufbar.

Zugl.: Mainz, Univ., Diss., 2009

Gedruckt auf alterungsbeständigem,
säurefreiem Papier.

D 77
ISSN 1437-0697
ISBN 978-3-631-59766-8

www.peterlang.de

VORWORT

Diese Dissertation entstand im Rahmen meiner Tätigkeit als wissenschaftliche Mitarbeiterin am Institut für Statistik und Ökonometrie der Johannes Gutenberg-Universität Mainz. Besonders wichtig war mir in dieser Zeit die Unterstützung durch Verwandte, Freunde, Vorgesetzte und Kollegen, wofür ich mich an dieser Stelle herzlich bedanken möchte.

Meinem Doktorvater Prof. Dr. Schulze danke ich aufrichtig für das entgegengebrachte Vertrauen, die wertvollen fachlichen Ratschläge und die stetigen Erinnerungen, sich aufgrund der Kürze der gegebenen Zeit zu beeilen. Überdies danke ich Prof. Dr. Breuer für die bereitwillige Übernahme des Zweitgutachtens. Ebenso gilt mein Dank Prof. Dr. Bartling, der zusammen mit den beiden Gutachtern meiner Arbeit die akademischen Gespräche im Rahmen des Rigorosums zu einem erfolgreichen Abschluss des Promotionsverfahrens brachte.

Für fröhliche Forschungspausen und etliche Diskussionen über fachliche Details danke ich meinen Lehrstuhl-Kolleginnen Verena Dexheimer und Julia König. Dies gilt auch für Dr. Alexander Prinz, dem ich zusätzlich zusammen mit Judith Kilp und Yvonne Scherf für die kritische Durchsicht des Manuskripts und die vielen wertvollen Anmerkungen danke. Stephanie Rauch gilt mein Dank für ihre stetige Unterstützung im Uni-Alltag.

Mein ganz besonderer Dank gilt meinem Freund Jens Wetzka, dem ich für seine Geduld, den emotionalen Halt und sein beharrliches Vertrauen in den erfolgreichen Abschluss dieser Arbeit danke. Eine weitere bedeutende Stütze waren meine Eltern Hildegard und Dieter Koch sowie mein Bruder Kai, die mir mit ihrer klugen Erziehung und ihrem unerschütterlichem Vertrauen alle Türen für meine akademische Bildung geöffnet haben. Sie haben mich in jedem Schritt liebevoll unterstützt und dafür bin ich ihnen sehr dankbar. Schließlich gilt mein Dank auch meinen lieben Freundinnen vom „Montags-Stammtisch“, die mich aus den akademischen Wirren stets wieder zurück auf den Boden der Tatsachen holten und für die nötige Ablenkung am Abend und am Wochenende gesorgt haben.

Anke Koch — Mainz im August 2009

INHALTSVERZEICHNIS

ABKÜRZUNGS- UND SYMBOLVERZEICHNIS

ALLGEMEIN:

β, $\boldsymbol{\beta}$	Regressionskoeffizient, Vektor der Regressionskoeffizienten
BIP	Bruttoinlandsprodukt
Cov	Kovarianz
c.p.	ceteris paribus
E( )	Erwartungswert
H_0, H_1	Nullhypothese, Gegenhypothese
I	Einheitsmatrix
IABS04	IAB-Beschäftigtenstichprobe 1975 – 2004
IID	Unabhängig und identisch verteilt
KQ	Kleinstquadrat
LM	Lagrange Multiplier
LR	Likelihood-Ratio
ML	Maximum Likelihood
NV	Normalverteilung
p-value	Überschreitungswahrscheinlichkeit
SSE	Summe der quadrierten Residuen
SUR	Seemingly Unrelated Regression
Var( )	Varianz
X_k, $\mathbf{X}$	Regressor k, Vektor der K Regressoren

ZU KAPITEL 2:

A	Arbeit
α	Produktionselastizität der Arbeit
$1-\alpha$	Produktionselastizität des Kapitals
e	Eulersche Zahl
f_i	Rate des technischen Fortschritts in Region i
g_{A_i}	Wachstumsrate des Faktors Arbeit in Region i
g_{K_i}	Wachstumsrate des Faktors Kapital in Region i
g_{BIP_i}	Wachstumsrate des BIP in Region i
i	Region i
K	Kapital

ZU KAPITEL 3 UND 4:

AR-Modell	Allgemeines räumliches (Regressionsmodell)
AR(1)-Modell	Autoregressives Modell erster Ordnung
BP_{RAK}	Korrigierter Breusch-Pagan-Test für räumliche Daten
CP	Classical Pooling
CPSE	Classical Pooling Spatial Error
CPSL	Classical Pooling Spatial Lag
d_{ij}	Distanz zwischen Region i und j
DLM_{SR}-Test	LM-Test auf ein räumlich differenziertes Modell
e	Residuen einer KQ-Schätzung
FE	Fixed Effects
FESE	Fixed Effects Spatial Error
FESL	Fixed Effects Spatial Lag
GARR-Modell	Gemischt autoregressives Modell
GMM	Generalized Method of Moments
I	Moran's I
IV	Instrumentvariablen
i, j	Region i bzw. j
JB	Prüfgröße des Jarqu-Bera-Tests
K	Zahl der Regressoren
l_i	Grenzlänge von Region i
l_{ij}	Länge der gemeinsamen Grenze zwischen Region i und j
LM_{SERR}-Test	LM-Test auf Entscheidung zwischen dem GARR- und dem AR-Modell
LM_{SR}-Test	LM-Test auf scheinbare räumliche Regression
$\mathbf{m}$	Konstantenvektor
N	Zahl der Regionen
$\mathbf{Q}$	Matrix mit Instrumentvariablen
R^2	Determinationskoeffizient
RAK-Modell	Räumliches Autokorrelationsmodell
RAK_H-Test	Heteroskedastie-robuster Test auf räumliche Korrelationen
RAR-Modell	Räumlich autoregressives Modell erster Ordnung
RD-Modell	Räumliches Durbin-Modell
RE	Random Effects
RESE	Random Effects Spatial Error

RESL	Random Effects Spatial Lag
S	Summe aller Elemente in der räumlichen Gewichtungsmatrix
SSE	Summe der quadrierten Residuen
t, s	Indizes für die zeitliche Periode
U	Diagonalmatrix mit den Residuen einer KQ-Schätzung
W	räumliche Gewichtungsmatrix
w_{ij}	Element zwischen Region i und Region j in der Gewichtungsmatrix
y_i	abhängige Variable für Region i
y*	Abweichung vom Mittelwert der abhängigen Variablen y
z	auf räumliche Stationarität zu überprüfende Variable
Z_I	Normalisierter Wert des Moran-Koeffizienten I
$\hat{\alpha}_3$	Drittes Moment der Verteilung der Residuen (Schiefe)
$\hat{\alpha}_4$	Viertes Moment der Verteilung der Residuen (Wölbung)
Δ	räumlicher Differenzenoperator
ε, u, φ, ν, ω	latente Variablen / Residuen
$\boldsymbol{\eta}$	Vektor für stochastische Zeiteffekte
$\boldsymbol{\iota}$	Vektor aus Einsen
λ	räumlicher Autokorrelationskoeffizient
$\boldsymbol{\mu}$	Vektor für stochastische Individualeffekte
ρ	räumlich autoregressiver Koeffizient
ρ_e	räumlich autoregressiver Koeffizient einer RAR-Schätzung mit den Residuen einer KQ-Schätzung
σ^2, $\hat{\sigma}^2$	Varianz, geschätzte Varianz
υ	Erwartungswert der abhängigen Variablen
$\psi_{i,j}$	Korrelationsfunktion aufgrund der Distanz zwischen den Regionen i und j
$\otimes$	Kroneckerprodukt

ZU KAPITEL 5 UND 6:

d_i	Dummy-Variable
e	Eulersche Zahl
i	Laufindex für Regionenkombinationen
K	Zahl der Regressoren
$\hat{L}_r$, $\hat{L}_u$	geschätzte Log-Likelihood-Funktion des restringierten bzw. unrestringierten Modells
LEF	Lineare Exponentialfamilie
n	Zahl der Regionenkombinationen
NegBin	Negative Binomialverteilung
PML	Pseudo-Maximum-Likelihood
QVPML	Quasi-Verallgemeinerte-Pseudo-Maximum-Likelihood
R^2_{Dev}	Gütemaß auf Basis von Devianz-Residuen
R^2_{LRI}	Likelihood-Ratio-Index
x_i, $\mathbf{x}$	erklärende Variable, Vektor der erklärenden Variablen
x_k	k-ter Regressor
y_i, $\mathbf{y}$	abhängige Zählvariable, Vektor der abhängigen Variablen
$\bar{y}$	Mittelwert einer Poisson-Schätzung mit Absolutglied
α, $\tilde{\alpha}$	Dispersionsparameter, geschätzter Dispersionsparameter
$\hat{\beta}_k$	geschätzter Koeffizient des k-ten Regressors
$\hat{\boldsymbol{\beta}}_{ML\_P}$	Koeffizientenvektor der ML-Schätzung des Poisson-Modells
$\hat{\boldsymbol{\beta}}_{ML\_NegBin2}$	Koeffizientenvektor der ML-Schätzung des NegBin2-Modells
$\hat{\boldsymbol{\beta}}_{PML\_P}$	Koeffizientenvektor der PML-Schätzung des Poisson-Modells
$\hat{\boldsymbol{\beta}}_{QVPML}$	Koeffizientenvektor der QVPML-Schätzung
$\hat{\boldsymbol{\beta}}_{QVPML\_NegBin2}$	Koeffizientenvektor der QVPML-Schätzung des NegBin2-Modells
ε	latente Variablen / Residuen
μ, ω	konditionaler Mittelwert, konditionale Varianz

TABELLENVERZEICHNIS

ABBILDUNGSVERZEICHNIS

1 EINLEITUNG

Infolge der fortschreitenden Globalisierung verlieren die Grenzen von Nationalstaaten an Bedeutung, wogegen die zunehmende weltweite ökonomische Verflechtung zu einer Aufwertung von Regionen führt. „Statt Nationalökonomie ist Regionalökonomie gefragt“ [1], fasst Baron diese Entwicklung zusammen. Die Regionen stehen also bedingt durch die erhöhte Wettbewerbsintensität zunehmend im Fokus. Um dem steigenden Wettbewerbsdruck standhalten zu können, sind interaktives Handeln und gemeinsame Problemlösungen zwischen Herstellern, Zulieferern und Abnehmern in einer Wertschöpfungskette gefordert. Dafür ist räumliche Nähe besonders hilfreich. Um als Region attraktive Standortbedingungen zu entwickeln, ist es somit wichtig, die Einflussfaktoren auf die eigene Wirtschaftskraft und den regionalen Arbeitsmarkt zu analysieren. Das Bruttoinlandsprodukt (BIP) und der Zustand des Arbeitsmarktes geben Anhaltspunkte für die ökonomische Situation einer Region, womit der Beschäftigung als elementarer Bestandteil der Konjunktur einer Region ein besonderer Stellenwert zukommt.[2]

Die Erwerbstätigkeit wächst in Deutschland regional sehr unterschiedlich. Dies begründet sich in der im Vergleich zu anderen Ländern – wie z.B. den USA – geringen Lohnflexibilität und begrenzten Mobilität der Arbeitskräfte. Auch infolge der deutschen Wiedervereinigung und der damit verbundenen Eingliederung der ostdeutschen Regionen ergaben sich in der Bundesrepublik große regionale Disparitäten. Regionalökonomische Analysen sind zur Untersuchung der Ursachen dieser Diskrepanzen von enormer Bedeutung. Da Regionen eng durch Migration, Pendlerverflechtungen und interregionalen Handel miteinander verbunden sind, ist davon auszugehen, dass regionale Arbeitsmarktbedingungen durch räumliche Abhängigkeiten geprägt sind. Dabei hängen Interaktionen zwischen regionalen Arbeitsmärkten auch von der geographischen Nähe ab.

Auch in der Zusammensetzung der Qualifikationen der Beschäftigten sind zwischen den Regionen große Unterschiede festzustellen. Dabei stellt sich die Frage, ob die Struktur der Qualifikationsniveaus auch einen Einfluss auf die Ent-

---

[1] Baron, 2006, S. 3.
[2] Vgl. Habich/Spellerberg, 2008, S. 327.

wicklung der Erwerbstätigkeit in einer Region hat. Um diese Bedeutung von Humankapital hat sich in der Fachliteratur eine Diskussion darüber entwickelt, inwiefern ein hoher Humankapitalbestand auch gleichzeitig einen Indikator für steigende Erwerbstätigkeit in einer Region darstellt.[3]

Nach der Überlegung, dass sich ein hohes durchschnittliches Qualifikationsniveau in einer Region positiv auf ihren Arbeitsmarkt auswirken könnte, ist von Interesse, welche Faktoren die Bereitschaft eines Erwerbstätigen, in eine andere Region zu wechseln, beeinflussen. Lassen sich dabei Unterschiede zwischen den Qualifikationsniveaus feststellen, kann dies Auswirkungen auf eine arbeitsmarktorientierte Regionalpolitik haben, sofern sich die relevanten Bestimmungsfaktoren für die Mobilitätsbereitschaft beeinflussen lassen. Damit ist die Mobilität von Erwerbstätigen – auch in Abhängigkeit ihres Qualifikationsniveaus – für die Regionen ein weiterer wichtiger Aspekt für die regionale Arbeitsmarktpolitik.

Vor dem Hintergrund dieser Fragestellungen soll in der vorliegenden empirischen Analyse die regionale Erwerbstätigkeit für Deutschland untersucht werden. Dabei liegt der Fokus auf zwei inhaltlichen Schwerpunkten, für die zwei verschiedene ökonometrische Instrumentarien notwendig sind. Im ersten Teil dieser Arbeit werden Determinanten des regionalen Beschäftigungswachstums bestimmt und im Rahmen einer Paneldatenanalyse auf ihren Einfluss analysiert. Insbesondere wird dabei untersucht, ob die Zusammensetzung der Beschäftigten in Bezug auf ihr Qualifikationsniveau – und damit die Größe des Humankapitalbestands einer Region – einen Einfluss auf das Beschäftigungswachstum der Region hat. Bei solchen kleinräumigen Abgrenzungen ist mit räumlichen Abhängigkeiten zu rechnen. Bisherige Studien – insbesondere für Deutschland – vernachlässigen jedoch weitgehend die räumliche Dimension regionaler Arbeitsmarktprobleme.[4] In der vorliegenden Arbeit werden solche Effekte durch die Anwendung von Methoden der räumlichen Ökonometrie berücksichtigt. Durch eine regionale Betrachtungsweise und die Einbeziehung räumlicher Effekte sollen neben den Einflussfaktoren auch regionale Abhängigkeiten zwi-

---

3 Vgl. z.B. Rohr-Zänker, 1998, S. 16 und Bundesamt für Statistik, 2007, S. 45.
4 Vgl. z.B. Südekum, 2008, S. 152.

schen den Arbeitsmärkten in Deutschland analysiert werden. Im zweiten Teil der Untersuchung erfolgt eine Bestimmung der Determinanten, welche die interregionalen Arbeitsplatzwechsel in Deutschland beeinflussen.[5] Können dabei Variablen identifiziert werden, die von den Regionen beeinflussbar sind, so lassen sich daraus Handlungsempfehlungen für die regionale Arbeitsmarktpolitik ableiten. Dazu werden die Arbeitsplatzwechsel in Deutschland anhand regionaler Kennzahlen in einem Zähldatenmodell abgebildet. Diese Analyse erfolgt sowohl für sämtliche Arbeitsplatzwechsel als auch getrennt für die Qualifikationsniveaus Gering-, Mittel- und Hochqualifizierte, wodurch Unterschiede in der Motivation für interregionale Arbeitsplatzwechsel in Abhängigkeit vom Bildungsniveau aufgezeigt werden.

Vor der Darstellung der empirischen Analysen werden im zweiten Kapitel die in dieser Arbeit untersuchten Fragestellungen in den ökonomischen Kontext eingeordnet. Dazu erfolgen zunächst eine Erläuterung der Relevanz der Regionalökonomie und die Abgrenzung von Arbeitsmarktregionen für die späteren Analysen. Die Bedeutsamkeit des Arbeitsmarktes für das Wachstum von Regionen wird daran anschließend anhand der neoklassischen Wachstumstheorie dargestellt. Als Basis für die Bestimmung von relevanten Einflussgrößen in den folgenden Analysen wird in Kapitel 2.3 der Einfluss der Erwerbstätigen auf das Wachstum einer Region in Hinblick auf die Zusammensetzung des Qualifikationsniveaus behandelt. Der Darstellung der Relevanz von Arbeitskräften und ihrer Qualifikationsstruktur folgt eine deskriptive Analyse ihrer Mobilität in Bezug auf einen Arbeitsplatzwechsel in eine andere Arbeitsmarktregion. Dieser Aspekt ist vor allem für Regionen mit Defiziten in der Struktur ihres Arbeitsmarktes bedeutend. Anhand von makrotheoretischen Überlegungen werden Bestimmungsgründe gesucht, die für die Arbeitsplatzwechsel in eine bestimmte Arbeitsmarktregion entscheidend sind, um diese in der späteren empirischen Analyse zu quantifizieren.

Im Anschluss an die ökonomischen Überlegungen erfolgt die Darstellung der zwei durchgeführten Analysen, denen jeweils die Erläuterung des ökono-

---

[5] Unter interregionalen Arbeitsplatzwechseln werden in dieser Arbeit solche verstanden, die aufgrund der Entfernung in der Regel einen Umzug zur Folge haben.

metrischen Instrumentariums vorangestellt wird. Das dritte Kapitel behandelt die im Rahmen dieser Arbeit verwendeten Verfahren der räumlichen Ökonometrie zunächst mit einer Erläuterung von Grundlagen, wie die Definition von Gewichtungsmatrizen und die Problematik der raumstrukturellen Stationarität und Isotropie. Da zur Überprüfung von räumlichen Abhängigkeiten in Panelmodellen keine Tests zur Verfügung stehen, werden anschließend räumliche Regressionsmodelle für Querschnittsdaten vorgestellt, die eine solche Überprüfung anhand der danach dargestellten Verfahren zulassen. Es folgt die Erläuterung von Methoden zur Annahmenüberprüfung und von Schätzverfahren, bevor die räumlichen Panelmodelle behandelt werden. Der Abschnitt schließt mit einem Kapitel zur Problematik von Tests für räumliche Panelmodelle und Überlegungen zur Modellauswahl für räumliche Modelle.

Die Anwendung der in Kapitel 3 beschriebenen Methoden erfolgt in der empirischen Analyse des regionalen Beschäftigtenwachstums im vierten Kapitel. Nach der Beschreibung der Datengrundlage wird die räumliche Struktur der Abhängigkeiten zwischen den Arbeitsmarktregionen untersucht. Die Ergebnisse der Paneldatenanalyse für den Zeitraum von 2001 bis 2006 werden zunächst für Gesamtdeutschland dargestellt, und ihre Robustheit anschließend durch Untersuchungen für verschiedene Cluster von Arbeitsmarktregionen untermauert. Aufgrund der regionalen Disparitäten infolge der deutschen Wiedervereinigung folgen zusätzlich getrennte Analysen für Ost- und Westdeutschland. Die empirische Betrachtung schließt mit einer Zusammenfassung der Ergebnisse und der Darstellung möglicher Kritikpunkte.

Die Analyse der interregionalen Arbeitsplatzwechsel macht aufgrund der Beschaffenheit der abhängigen Variablen als positive, natürliche Zahl die Verwendung von Zähldatenmodellen notwendig. Diese werden im fünften Abschnitt methodisch dargestellt. Nach einer Erläuterung der Grundlagen von Zähldaten folgt die Darstellung der für die Analyse relevanten Modelle. Je nach Beschaffenheit der Daten sind verschiedene Schätzverfahren erforderlich, die in Kapitel 5.3 erläutert werden. Darauf folgt die Darstellung von Beurteilungskriterien für Zähldatenmodelle in Form von Spezifikationstests und Gütemaßen, bevor das abschließende Kapitel Methoden zur Modellauswahl und die verschiedenen Interpretationsmöglichkeiten der geschätzten Koeffizienten von Zähldatenmodellen behandelt.

Kapitel 6 widmet sich schließlich der Analyse der interregionalen Arbeitsplatzwechsel und der Bestimmung ihrer Determinanten für verschiedene Qualifikationsniveaus anhand der in Kapitel 5 erläuterten Verfahren. Zunächst wird die Datengrundlage für diese Analyse beschrieben. Darauf folgt die Darstellung der Ergebnisse zuerst für alle Arbeitsplatzwechsel im betrachteten Zeitraum, bevor sich der Blick speziell auf die Ergebnisse der nach Bildungsniveau getrennten Analysen richtet. In der kritischen Würdigung im letzten Kapitel dieses Abschnitts werden die Ergebnisse vor dem Hintergrund der Thesen aus Kapitel 2 resümiert.

Die Arbeit schließt mit einer zusammenfassenden Würdigung und einem Ausblick auf mögliche weiterführende Analysen in Kapitel 7.

2 Ökonomische Fragestellungen zur regionalen Erwerbstätigkeit

2.1 Regionalökonomie

Die Regionalökonomie bildet einen Teil der Wirtschaftswissenschaften, der sich mit der räumlichen Dimension ökonomischen Handelns beschäftigt. Durch die Betrachtung der wirtschaftlichen Zusammenhänge von Regionen stehen die Wechselwirkungen zwischen Raum und ökonomischen Aktivitäten der Menschen im Mittelpunkt ihres Erkenntnisinteresses. In jüngerer Zeit rückte die Regionalökonomie verstärkt in das Zentrum des Forschungsinteresses.[6] Ursache dafür sind unter anderem die weltweiten Globalisierungsprozesse mit ihren geopolitischen Veränderungen, durch die die räumliche Nähe an Bedeutung gewinnt. Diese Veränderungen des politischen Machtgefüges verändern auch das ökonomische Verhältnis zwischen vielen Nationalstaaten. Die Folge ist eine steigende Mobilität der Produktionsfaktoren Arbeit und Kapital. Damit verlieren die Grenzen der Nationalstaaten an Bedeutung, während regionale Verflechtungen sowie die Distanzen zwischen Regionen an Bedeutung gewinnen.[7]

Bevor man diese Verflechtungen betrachtet, bedarf es einer sinnvollen Abgrenzung von Regionen. Da im Rahmen dieser Arbeit das Wachstum der Erwerbstätigkeit analysiert wird, erfolgt diese Abgrenzung entsprechend den Anforderungen regionaler Arbeitsmärkte, die in den folgenden Kapiteln erläutert werden.

2.1.1 Abgrenzung von Regionen

Eine Region bezeichnet im Allgemeinen einen aufgrund bestimmter Merkmale abgrenzbaren, zusammenhängenden Teilraum mittlerer Größenordnung in einem Gesamtraum. Dabei werden Gegebenheiten oder Vorgänge als ‚regional' bezeichnet, wenn sie mehr als den örtlichen Zusammenhang betreffen, aber unterhalb der staatlichen Ebene angesiedelt sind.[8]

---

6 Vgl. Niebuhr, 2000, S. 7.
7 Vgl. Eckey/Muraro, 2008, S. 3.
8 Vgl. Sinz, 2005, S. 919.

Eine Abgrenzung von Regionen ist also eine Zusammenfassung von Standorten oder administrativen Einheiten (Gemeinden, Kreise) zu zusammenhängenden Gebieten, die sich nicht überschneiden und den Gesamtraum vollständig abdecken.[9] Diese auch Wirtschaftsräume genannten Gebiete können funktional oder administrativ gebildet werden. Die funktionale Region besteht aus Gebieten, die aufgrund ökonomischer Größen (z.B. Pendlerströme) miteinander verflochten sind.[10] Zentren werden also aufgrund von Austauschbeziehungen mit ihrem Umland zu Wirtschaftsräumen zusammengefasst. Je nachdem, welcher ökonomische Sachverhalt untersucht werden soll, sind verschiedene Abgrenzungen funktionaler Regionen sinnvoll. Eine administrative Regionsabgrenzung (z.B. die deutschen Bundesländer) beruht dagegen auf den vorgegebenen politischen Grenzen und stellt somit einen Aktivitätsraum öffentlicher Entscheidungsträger dar.[11]

Für eine zuverlässige Analyse der wirtschaftlichen Situation ist die Verwendung von Funktionalregionen sinnvoller. Ein Grund dafür ist, dass zur Beurteilung der wirtschaftlichen Entwicklung von Regionen häufig Indikatoren verwendet werden, die zwei sinnvoll zueinander stehende Variablen in Beziehung setzen, wie beispielsweise das BIP pro Kopf. Diese Indikatoren sind aber nur dann interpretierbar, wenn sich die Zählergröße auf die gleiche regionale Einheit bezieht wie die Nennergröße.[12] Bei administrativen Einheiten ergibt sich somit das Problem, dass Pendler, die an der Erwirtschaftung des BIP mitwirken, aber im Umland wohnen, nicht in der Einwohnerzahl berücksichtigt werden. Im Zentrum wäre dann das BIP pro Kopf zu hoch, wogegen es im Umland zu niedrig ausgewiesen werden würde, somit ergeben sich verzerrte Ergebnisse.[13] Je nach gewählter Regionalisierung können Wirtschaftsräume damit fälschlicherweise als strukturschwach oder wirtschaftlich ‚gesund' erscheinen, was eine problemadäquate Regionalisierung notwendig macht.

---

9 Vgl. Eckey/Muraro, 2008, S. 90.
10 Vgl. Schulze, 1980, S. 69.
11 Vgl. Schulze, 1980, S. 92.
12 Vgl. Eckey/Kosfeld/Türck, 2006a, S. 3.
13 Vgl. Eckey/Muraro, 2008, S. 105.

Ein weiterer Grund für die Verwendung funktionaler Abgrenzungen ist das sogenannte ‚Areal-Unit-Problem'. Durch eine Abgrenzung auf Basis administrativer Gebiete – beispielsweise Kreise oder Bundesländer – werden die aufgrund von ökonomischen Verflechtungen entstandenen regionalen Arbeitsmärkte zerschnitten, und es tritt eine künstliche Korrelation zwischen den administrativen Regionen auf.[14] Diese Korrelation wirkt sich in ökonometrischen Analysen auf den Störterm aus, weshalb grundsätzlich die funktionale der administrativen Regionsabgrenzung vorzuziehen ist.

Problematisch ist allerdings, dass die Datenerhebung der amtlichen Statistik auf der administrativen Abgrenzung basiert und nicht auf der Abgrenzung von regionalen Arbeitsmärkten. Um das Datenmaterial dennoch verwenden zu können, ist es notwendig, dass jede funktionale Region aus einer oder mehreren administrativen Einheiten besteht. Weiterhin ist zu beachten, dass Funktionalregionen dynamisch sind, sich also im Zeitablauf, beispielsweise durch ein verändertes Pendlerverhalten, ändern können.[15] Im folgenden Kapitel wird die in dieser Arbeit verwendete aktuelle Abgrenzung von Arbeitsmarktregionen nach Eckey, Kosfeld und Türck, die auf Daten von 2004 basiert, erläutert.

2.1.2 Arbeitsmarktregionen in Deutschland

Zur Untersuchung der regionalen Erwerbstätigenzahlen in den folgenden empirischen Analysen werden Arbeitsmarktregionen nach Eckey, Kosfeld und Türck verwendet.[16] Die Beschäftigten pendeln bei dieser Abgrenzung zu einem Zentrum, das einen wirtschaftlichen Mittelpunkt bildet, womit sie den Anforderungen der betrachteten Fragestellungen entspricht. Diese Regionendefinition basiert auf Pendlerströmen, wobei die zumutbare Pendlerzeit je nach Attraktivität der Region zwischen 45 und 60 Minuten liegt. Die Attraktivität der Region wird dabei anhand der Größe ihres Zentrums bestimmt. Je größer ein Zentrum ist, desto attraktiver ist es, in dieses zu pendeln. Die Regionen sollten jedoch auch eine bestimmte Größe aufweisen, damit von ihnen ein Wachstumsimpuls ausge-

---

[14] Vgl. Eckey/Kosfeld/Türck, 2006b, S. 548.
[15] Vgl. Eckey/Schwengler/Türck, 2007, S. 7.
[16] Vgl. Eckey/Kosfeld/Türck, 2006a, S. 1-13.

hen kann. Zudem ist eine Mindestgröße für Arbeitsmarktregionen wichtig, um eine ausgeglichene Wirtschaftsstruktur zu gewährleisten. Diese Mindestgröße liegt bei 50.000 Einwohnern. Weiterhin sind die Arbeitsmarktregionen kreisscharf abgegrenzt, füllen die Fläche der Bundesrepublik Deutschland vollständig aus und überschneiden sich nicht.[17] Durch die Anwendung einer Faktorenanalyse sind diesen Anforderungen entsprechend 150 Arbeitsmarktregionen entstanden, die in Abbildung 1 dargestellt sind.

Die teilweise kleinräumige Abgrenzung, z.B. im Ruhrgebiet und im Schwarzwald, lässt vermuten, dass trotz der arbeitsmarktbezogenen Abgrenzung der Regionen Interdependenzen bestehen und Arbeitnehmer zwischen Arbeitsmarktregionen pendeln. In Abbildung 1 wird zudem deutlich, dass vor allem um große Zentren, wie beispielsweise Hamburg, Hannover, Berlin, Frankfurt und München rein flächenbezogen sehr große Arbeitsmarktregionen entstanden sind. Auch in den ländlichen Gebieten Nord- und Ostdeutschlands sind die Regionen relativ groß. Offenbar nehmen die Arbeitnehmer in diesen Regionen vergleichsweise große Entfernungen zum Arbeitsplatz in Kauf. Ein Grund dafür könnte sein, dass die nord- und ostdeutschen Regionen im Vergleich zum Süden Deutschlands als eher strukturschwach angesehen werden, wodurch potentielle attraktive Arbeitsplätze regional weiter gestreut sind.

Gemessen an der Einwohnerzahl ist die kleinste dabei entstandene Arbeitsmarktregion Daun mit 63.801 Einwohnern im Jahr 2005. Demgegenüber steht die größte Arbeitsmarktregion Berlin mit 4.436.058 Einwohnern und zugleich der größten Fläche von 12.380 km². Die kleinstflächige Arbeitsmarktregion ist Annaberg mit 438 km².

---

[17] Vgl. Eckey/Kosfeld/Türck, 2006a, S. 3-4.

Abbildung 1: Arbeitsmarktregionen in Deutschland
(Quelle: Eckey/Kosfeld/Türck, 2006a, S. 11)

In Abbildung 2 sind Pro-Kopf-BIP-Klassen der Arbeitsmarktregionen für das Jahr 2005 abgebildet. Die bereits angesprochene Strukturschwäche ist dabei deutlich erkennbar. Das Pro-Kopf-BIP der meisten ostdeutschen Arbeitsmarktregionen liegt in den unteren zwei Kategorien, also maximal bei 24.000 Euro pro Kopf. Auch ein Süd-Nord-Gefälle, das bereits in anderen Analysen festgestellt wurde, wird deutlich.[18] Keine süddeutsche Region weist ein Pro-Kopf-BIP aus, das niedriger als 20.000 Euro ist, und lediglich in wenigen Regionen wie Waldshut, Garmisch-Partenkirchen, Cham und Amberg liegt das BIP pro Einwohner zwischen 20.000 und 24.000 Euro. Neun Regionen liegen mit einem Pro-Kopf-BIP von über 32.000 Euro in der höchsten dargestellten Kategorie: Hamburg, Wolfsburg, Düsseldorf, Frankfurt, Wiesbaden, Stuttgart, Ingolstadt, Dingolfing und München. Den höchsten Wert erreicht dabei München mit 43.903 Euro pro Einwohner. Auffällig ist, dass keine der norddeutschen Regionen der zweithöchsten Kategorie mit einem Pro-Kopf-BIP zwischen 28.000 und 32.000 Euro zuzuordnen ist. Die Divergenzen der sehr wirtschaftsstarken Regionen Hamburg, mit einem BIP pro Einwohner von 36.493 Euro, und Wolfsburg, mit einem Pro-Kopf-BIP von 32.581 Euro, zu den umliegenden Regionen sind demnach sehr groß. Im Süden Deutschlands überwiegen dagegen diejenigen Regionen, welche aufgrund ihres BIP pro Einwohner der zweithöchsten Kategorie zuzuordnen sind.

Das bereits beschriebene Gefälle zwischen Ost- und West-, sowie Nord- und Süddeutschland zeigt sich auch im in Abbildung 3 dargestellten Wachstum der Beschäftigtenzahlen zwischen 2001 und 2006. Zudem wird deutlich, dass die Beschäftigtenzahlen in Deutschland im betrachteten Zeitraum bis auf wenige Regionen überall gesunken sind. Lediglich 14 der 150 Arbeitsmarktregionen weisen einen Wachstumsfaktor auf, der größer als Eins ist.[19]

---

[18] Vgl. z.B. Lammers, 2003, S. 736-739.

[19] Das sind Emsland, Vechta, Fulda, Karlsruhe, Regensburg, Cham, Straubing, Dingolfing, Landshut, Donau-Ries, Günzburg, Biberach, Tuttlingen und Bodensee.

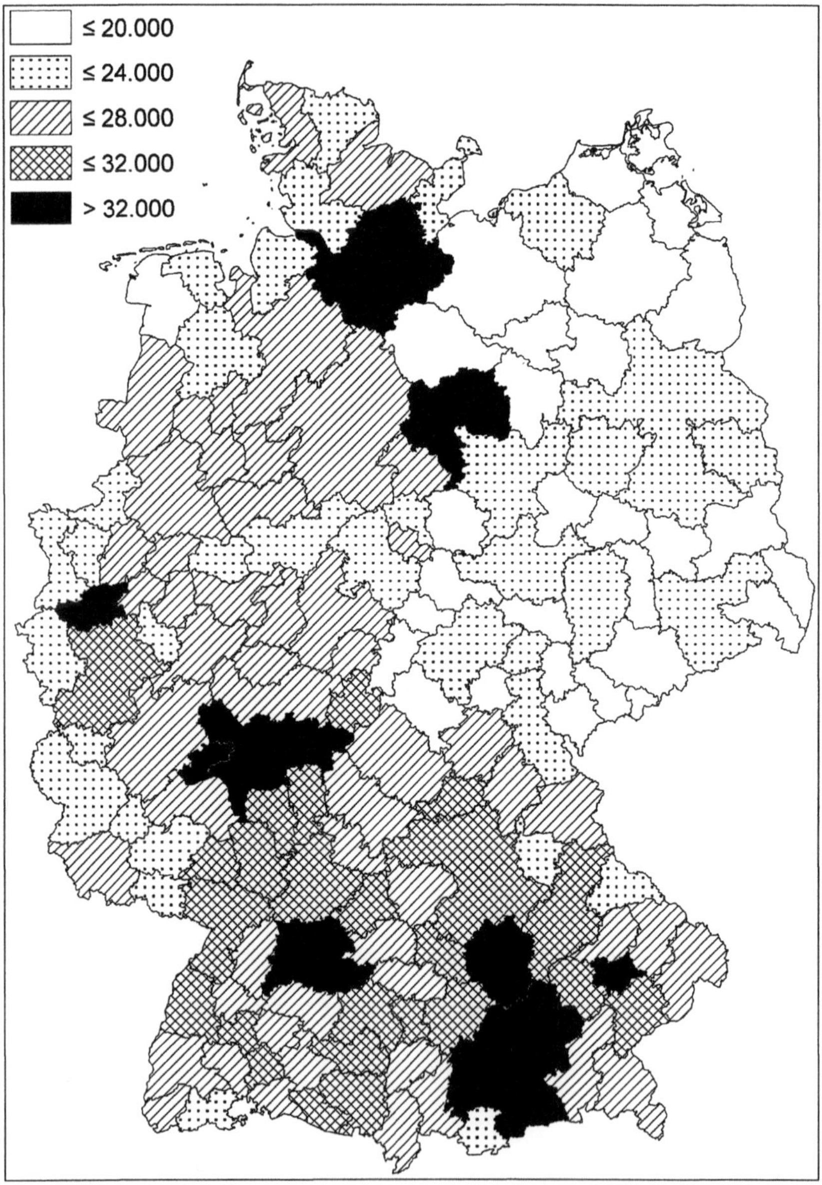

Abbildung 2: Pro-Kopf-BIP-Klassen 2005
(Quelle: Eigene Berechnungen, Daten: Statistisches Bundesamt, 2007)

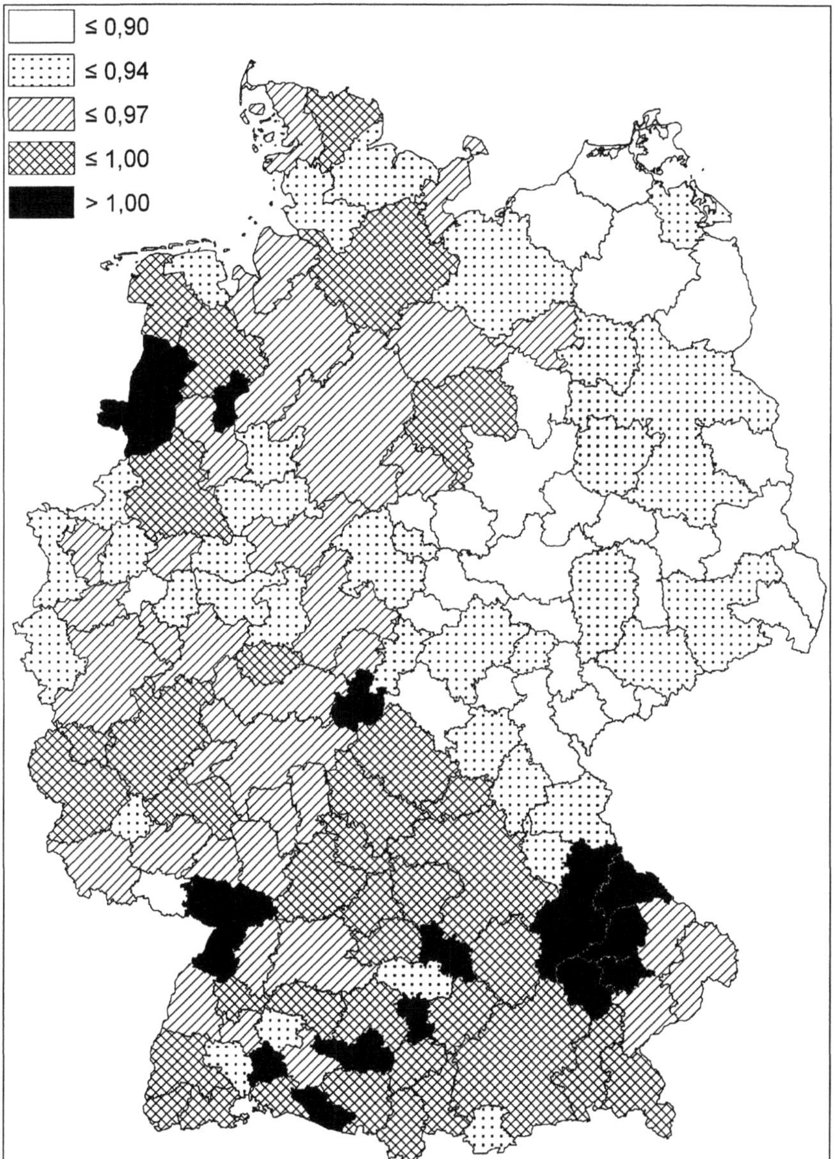

Abbildung 3: Klassen des Wachstumsfaktors der Beschäftigung zwischen 2001 und 2006
(Quelle: Eigene Berechnungen, Daten: Statistisches Bundesamt, 2007)

Interessant ist, dass es sich bei den Regionen, die eine Erhöhung der Beschäftigtenzahlen aufweisen, nicht um die Metropolregionen handelt. Mit Emsland und Vechta gehören auch zwei norddeutsche Peripherie-Regionen zu diesen Wachstumsgebieten. Insgesamt werden die Ungleichheiten jedoch verstärkt, da die meisten Regionen, deren Wachstumsfaktor größer als Eins ist, in Süddeutschland liegen, das aufgrund der betrachteten Indikatoren vorne lag.

Alle anderen Regionen weisen für den betrachteten Zeitraum einen Rückgang der Erwerbstätigkeit aus. Der beschriebene Arbeitsplatzabbau ist vor allem in Ostdeutschland stark ausgeprägt, wogegen Süddeutschland wiederum weniger vom Rückgang der Beschäftigung betroffen ist. Das Gefälle in der Entwicklung der Erwerbstätigenzahlen vollzieht sich also von Süden nach Norden und verschärft sich noch weiter im Osten Deutschlands.

Auffällig sind die Regionen Wuppertal und Pirmasens als die einzigen westdeutschen Arbeitsmarktregionen der untersten Kategorie mit einem Rückgang der Erwerbstätigkeit von 11,3% in Wuppertal bzw. 10,5% in Pirmasens. Am schlechtesten im gesamten Bundesgebiet hat sich die Beschäftigung in Görlitz entwickelt. Hier sank die Zahl der Erwerbstätigen im betrachteten Zeitraum um 17,1%. Das wirtschaftlich starke Rhein-Main-Gebiet liegt mit einem Rückgang der Erwerbstätigkeit von 5,5% (Frankfurt am Main), 2,1% (Mainz) und 4,1% (Wiesbaden) etwa im Mittelfeld der Entwicklung der Erwerbstätigenzahlen. Überraschend ist, dass sich die Beschäftigung in der eher unbekannten Arbeitsmarktregion Vechta mit einem Beschäftigtenzuwachs von 7,2% am dynamischsten entwickelte. Die steigende Zahl der Arbeitsplätze in dieser Region begann bereits in den 1970er Jahren und ist neben dem Wachstum im Produzierenden Gewerbe vor allem dem dynamischen Wachstum des Dienstleistungssektors zu verdanken.[20]

Der in Abbildung 3 festgestellte Beschäftigungsrückgang hat im betrachteten Zeitraum offenbar vor allem gering- und mittelqualifizierte Arbeitnehmer betroffen, da entgegen dem Rückgang der gesamten Beschäftigten der Anteil der

---

[20] Vgl. Eichhorn, 2007, S. 318.

hochqualifizierten Beschäftigten[21] an der Gesamtzahl der Arbeitnehmer in fast allen Arbeitsmarktregionen gestiegen ist.[22]

In Abbildung 4 wird deutlich, dass der Anteil der Hochqualifizierten an den gesamten Arbeitnehmern in Ostdeutschland über einen Zeitraum von 2001 bis 2006 weniger stark zugenommen hat als in den alten Bundesländern. Das ist insofern bedenklich, als sich die Qualifikationen der Erwerbstätigen aufgrund der in Kapitel 2.2 folgenden neoklassischen Wachstumstheorie positiv auf das Wachstum einer Region auswirken. Danach werden sich die Disparitäten zwischen West- und Ostdeutschland also weiter verschärfen und die ostdeutschen Regionen den westdeutschen Gebieten strukturwirtschaftlich weiter hinterherhinken.

In Abbildung 5 findet der Anteil der Hochqualifizierten an der Gesamtzahl der Beschäftigten für das Jahr 2005 seine Darstellung. Das Ost-West-Gefälle kann an dieser Stelle nicht mehr identifiziert werden, im Gegenteil ist der Anteil der Hochqualifizierten in Ostdeutschland mit im Mittel 10,9% höher als der in Westdeutschland mit durchschnittlich 9,3%. Mit Potsdam, Jena, Leipzig und Dresden liegen vier der zehn Regionen mit einem Anteil Hochqualifizierter von über 12,5% im Osten der Republik.[23] Das könnte daran liegen, dass diese Regionen, nach Berlin, die größten Hochschulen in Ostdeutschland haben. Dieser Effekt verwässert für Berlin vermutlich aufgrund des größeren Einzugsgebietes, weshalb der Anteil der Hochqualifizierten in dieser Arbeitsmarktregion mit 12,4% der vierten Kategorie zuzuordnen ist. Für die westdeutschen Arbeitsmarktregionen ist ein solcher Zusammenhang nicht erkennbar.

---

[21] Geringqualifizierte sind in dieser Arbeit als Beschäftigte ohne abgeschlossene Berufsausbildung definiert. Mittelqualifizierte haben einen Abschluss einer Ausbildung oder (Berufs-)Fachschule. Hochqualifizierte Beschäftigte sind als Arbeitnehmer mit einem Fachhoch- oder Hochschulabschluss definiert.

[22] Gesunken ist der Anteil Hochqualifizierter im betrachteten Zeitraum in den Arbeitsmarktregionen Burgenland, Eisenach, Gera, Halberstadt, Nordhausen, Rügen, Saalfeld, Schwerin, Stendal, Suhl, Uckermark und Wittenberg.

[23] Die sechs westdeutschen Regionen mit einem Anteil der Hochqualifizierten an den gesamten Beschäftigen von über 12,5% sind: Frankfurt (Main), Darmstadt, Mannheim, Stuttgart, Bodensee und München.

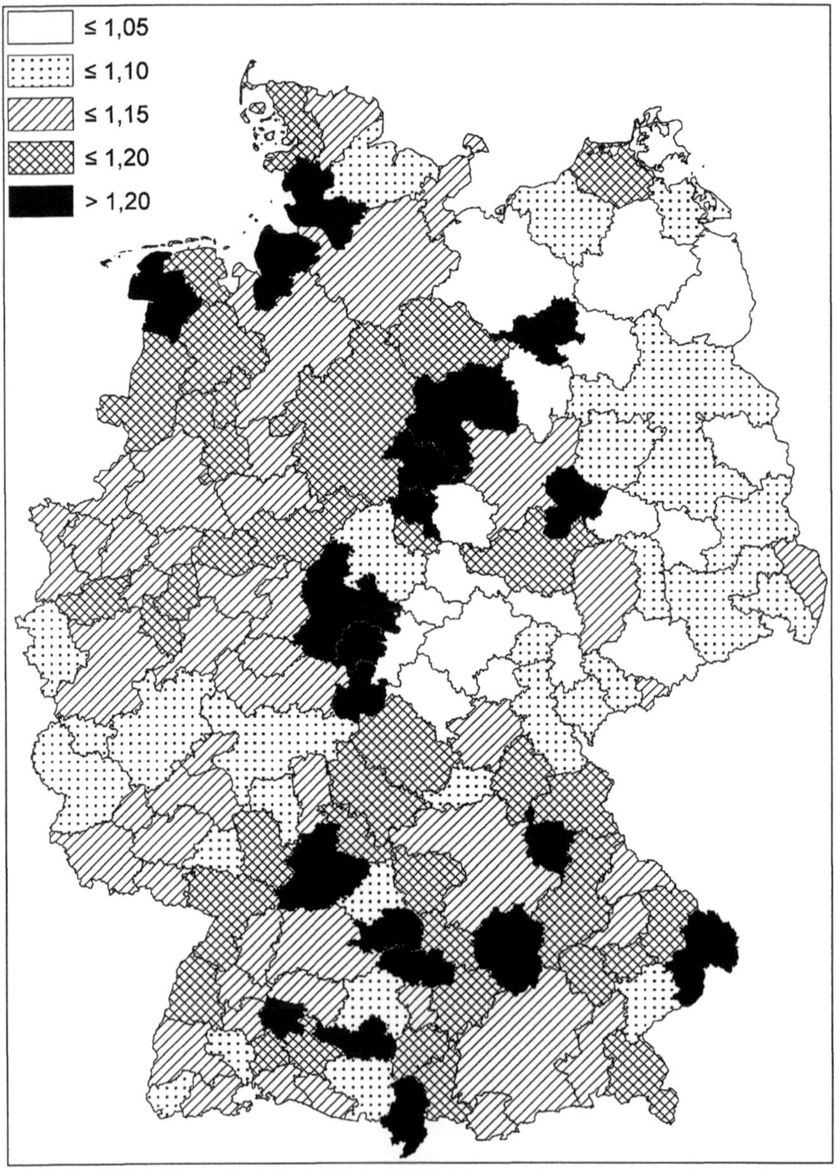

Abbildung 4: Anteil der Hochqualifizierten an den gesamten Beschäftigten, Klassen des Wachstumsfaktors zwischen 2001 und 2006
(Quelle: Eigene Berechnungen, Daten: Statistisches Bundesamt, 2007)

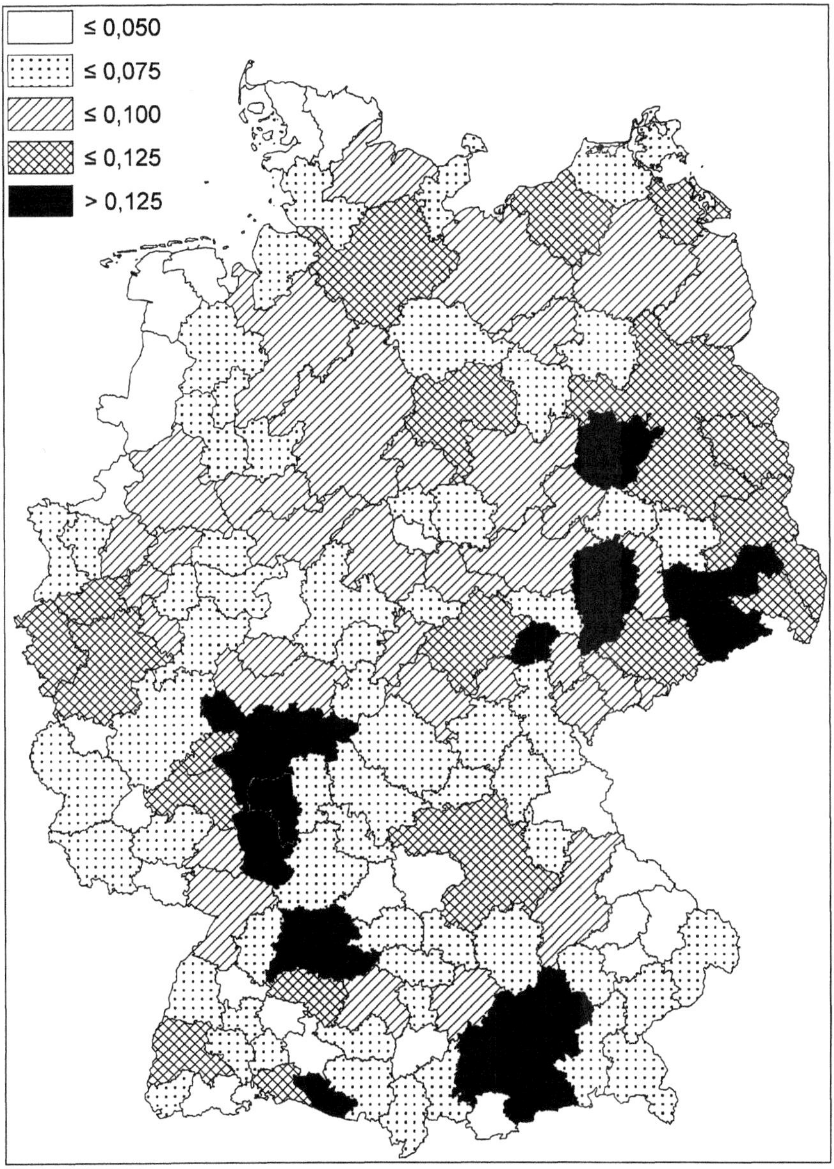

Abbildung 5: Klassen des Anteils der Hochqualifizierten an den gesamten Beschäftigten 2005
(Quelle: Eigene Berechnungen, Daten: Statistisches Bundesamt, 2007)

Dieser mögliche Zusammenhang des Anteils Hochqualifizierter zu den Hochschulen zeigt, dass die Existenz von Hochschulen in einer Region, z.B. als Arbeitgeber für Forscher, positive Beschäftigungseffekte auslöst.[24] Insgesamt ist erkennbar, dass der Anteil Hochqualifizierter in Regionen mit großen Hochschulen über 7,5% und damit mindestens in der mittleren Kategorie liegt. Die unterste Kategorie mit einem Anteil von maximal 5% Hochqualifizierten ist in Ostdeutschland überhaupt nicht vertreten, sondern in eher ländlichen Gebieten Westdeutschlands. Interessanterweise liegt der Anteil der Hochqualifizierten in den meisten bayrischen Regionen auf einem relativ niedrigen Niveau, obwohl diese Regionen bei der Darstellung der bisherigen Wirtschaftsindikatoren stets hohe Werte aufwiesen.

In Abbildung 6 ist das Einkommen der privaten Haushalte bezogen auf die Einwohnerzahl für das Jahr 2005 dargestellt. Dieser Indikator gibt einen Hinweis auf den Wohlstand einer Region. Allerdings ist dabei zu berücksichtigen, dass diese Größe zwar um Abzüge wie Steuern und Sozialabgaben bereinigt ist, regionale Unterschiede in der Lebenshaltung jedoch nicht berücksichtigt werden können. Beispielsweise sind die Mietpreise in den neuen Ländern im Vergleich zu den alten Bundesländern besonders niedrig.[25] Damit wird das in der Abbildung erneut sehr deutliche Ost-West-Gefälle etwas relativiert, wobei Folgendes ohne diese Einschränkung sehr deutlich wird: Das Pro-Kopf-Einkommen der privaten Haushalte übersteigt die zweitniedrigste Kategorie von 16.000 Euro in den ostdeutschen Gebieten nicht, wogegen es lediglich in 14 der 113 westdeutschen Regionen unterhalb dieses Niveaus liegt. Das größte verfügbare Einkommen haben die Haushalte in der Arbeitsmarktregion München mit durchschnittlich 21.880 Euro pro Kopf. Am geringsten fällt der Wert dieses Indikators dagegen mit 13.425 Euro in Nordhausen aus. In dieser Darstellung sind Korrelationen zwischen benachbarten Regionen zu vermuten, da bis auf die Ausnahme der Regionen Hamburg und Gummersbach keine zwei nebeneinander liegenden Regionen mehr als zwei Kategoriestufen auseinander liegen.

---

[24] Vgl. Spehl et al., 2005, S. 156 und 160.
[25] Vgl. Timm, 2008, S. 118.

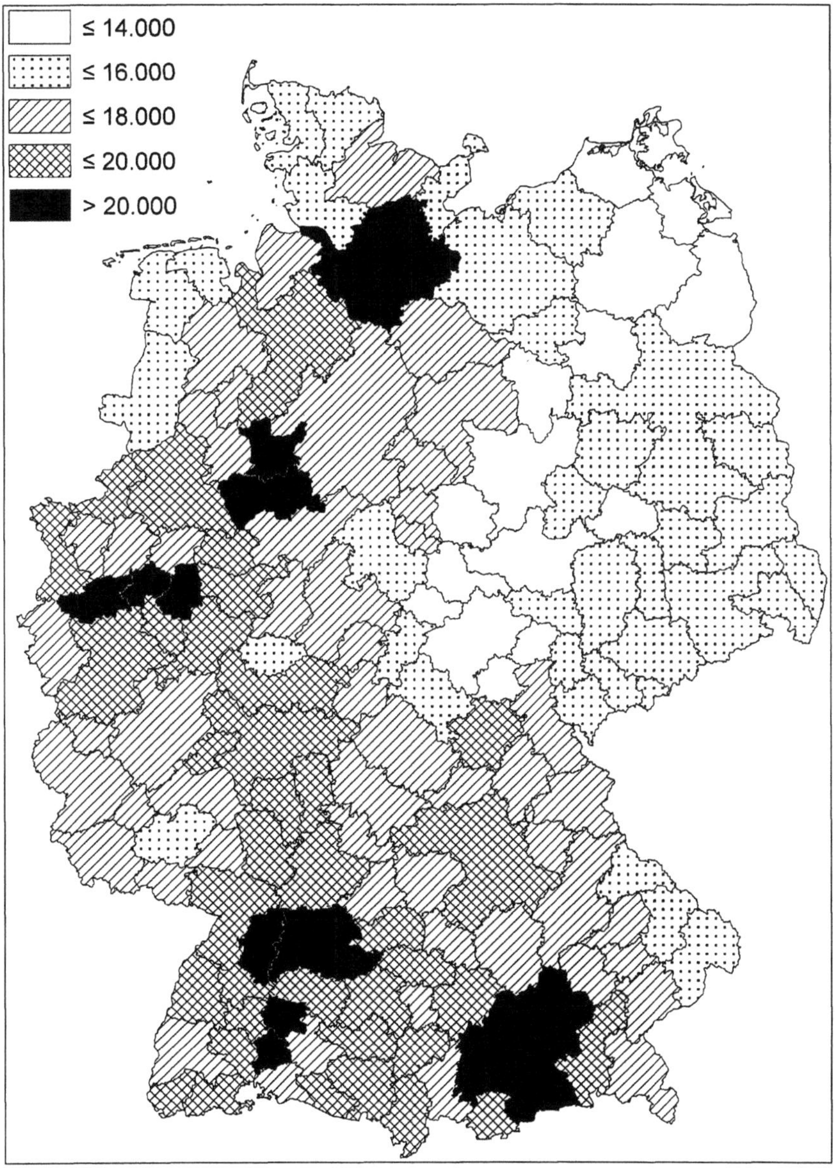

Abbildung 6: Klassen des verfügbaren Einkommens der privaten Haushalte pro Einwohner 2005
(Quelle: Eigene Berechnungen, Daten: Statistisches Bundesamt, 2007)

Ein weiterer Indikator für die Struktur der deutschen Arbeitsmarktregionen ist die in Abbildung 7 dargestellte Arbeitslosenquote bezogen auf die Zahl der Erwerbspersonen. Diese Größe stellt den Anteil der Arbeitslosen an den zivilen Personen im erwerbsfähigen Alter von 15 bis 65 Jahren dar und dient ebenfalls der Beschreibung der quantitativen Arbeitsmarktsituation. Dargestellt wird der Mittelwert der Jahre 2001 bis 2004, da diese Größe auch in der empirischen Analyse in Kapitel 6 verwendet wird.

Eklatant offensichtlich ist die Problematik der hohen Arbeitslosigkeit in den neuen Bundesländern. Alle ostdeutschen Regionen weisen eine Arbeitslosenquote von über 12% auf. Dagegen sind mit Bremerhaven (12,7%), Essen (12,2%), Dortmund (12,6%), Göttingen (12,1%) und Osterode (12,6%) lediglich fünf westdeutsche Arbeitsmarktregionen dieser höchsten Kategorie zuzuordnen. Für die beiden Regionen im Ruhrgebiet wird in Studien ein Defizit an Investitionen in Forschung und Entwicklung als Ursache für die schwache Beschäftigungsentwicklung gesehen.[26] Mit der größten Arbeitslosigkeit hat die Region Uckermark im Bundesland Brandenburg zu kämpfen. Bei einer Quote von 25,3% ist jede vierte Person im erwerbsfähigen Alter arbeitssuchend gemeldet. Zudem ist in elf weiteren ostdeutschen Arbeitsmarktregionen mit Arbeitslosenquoten über 20% mindestens jeder fünfte der erwerbsfähigen Personen arbeitssuchend gemeldet.

Im Gegensatz dazu weist die Region Dingolfing in Bayern mit einer Arbeitslosenquote von 4,1% den für die gesamte Bundesrepublik niedrigsten Wert auf. Insgesamt scheint der Arbeitsmarkt in den süddeutschen Regionen wesentlich stabiler zu sein als im restlichen Bundesgebiet. Arbeitslosenquoten unter 6% erreichen außer Vechta mit 5,5% nur Regionen, die den beiden südlichen Bundesländern Baden-Württemberg und Bayern zuzuordnen sind. Damit bestätigt sich erneut das bereits beobachtete Gefälle von Süden nach Norden und dann weiter nach Ostdeutschland.

---

[26] Vgl. Bade/Gaebe/Strambach, 2003, S. 10.

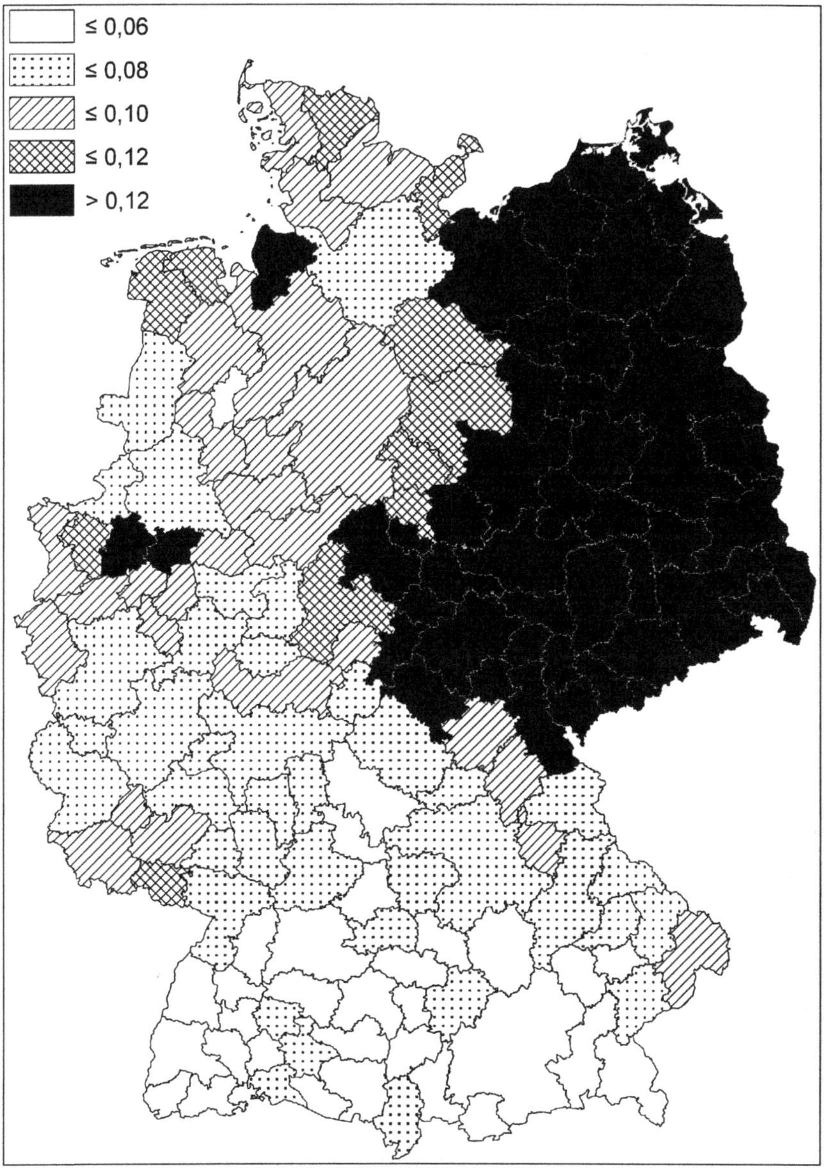

Abbildung 7: Klassen der Arbeitslosenquote bezogen auf die Erwerbspersonen, Durchschnitt 2001 bis 2004
(Quelle: Eigene Berechnungen, Daten: Statistisches Bundesamt, 2007)

2.2 Neoklassische Wachstumstheorie

Die auf dem Modellrahmen von Solow[27] basierende neoklassische Wachstumstheorie wird im Rahmen dieser Arbeit auf regionale Fragestellungen angewendet. Als entscheidende Determinanten des Wachstums gelten die Bevölkerung, das Kapital und der technische Fortschritt. [28] Dabei gelten folgende Voraussetzungen:[29]

- Das Wachstum wird nicht durch eine unzureichende Nachfrage begrenzt, da sich jedes Angebot seine Nachfrage schafft.
- Die Produktionsfaktoren Arbeit und Kapital sind voll beschäftigt, es gibt keine Arbeitslosigkeit.
- Arbeit und Kapital sind substitutional zueinander und ihr Einsatzverhältnis wird durch das Verhältnis von Arbeits- zu Kapitalkosten bestimmt.
- Die Produktionselastizitäten von Arbeit und Kapital sind konstant und kleiner als 1, es gilt, dass die Grenzprodukte der Faktoren Arbeit und Kapital positiv sind und mit steigendem Faktoreinsatz abnehmen. Die Produktionsfunktion als Ganzes ist linear-homogen und in allen Regionen gleich.
- Die interregionale Mobilität ist unbegrenzt und frei. Die Arbeitskräfte streben nach Lohn-, die Kapitalgeber nach Gewinnmaximierung.

Für den Wachstumsprozess in der Region i wird folgende Produktionsfunktion angenommen, die die genannten Annahmen erfüllt:[30]

$$BIP_i = e^{f_i} \cdot A_i^{\alpha} \cdot K_i^{1-\alpha} \qquad 2\text{-}1$$

mit

i = Region i

e = Eulersche Zahl

f = Rate des technischen Fortschritts

A = Arbeit

---

[27] Vgl. Solow, 1956, S. 65-94.

[28] Vgl. Rose, 1995, S. 13.

[29] Vgl. Eckey/Muraro, 2008, S. 110.

[30] Vgl. Eckey/Muraro, 2008, S. 110.

K = Kapital
α = Produktionselastizität der Arbeit
$1-\alpha$ = Produktionselastizität des Kapitals

Durch Ableitung nach der Zeit erhält man die Produktionsfunktion mit den jeweiligen Wachstumsraten:[31]

$$g_{BIP_i} = f_i + \alpha \cdot g_{A_i} + (1-\alpha) \cdot g_{K_i} \qquad 2\text{-}2$$

mit der regionalen technischen Fortschrittsrate f_i und den Wachstumsraten der Arbeitskräfte g_{A_i} sowie des Kapitals g_{K_i}, multipliziert mit ihrer jeweiligen Produktionselastizität, die sich zur Wachstumsrate des BIP g_{BIP_i} summieren. Der Faktor Arbeit ist damit eine wichtige ökonomische Größe für das BIP-Wachstum einer Region. Dieser Faktor kann im Grundmodell durch natürliches Bevölkerungswachstum und den Wanderungssaldo verändert werden. Im regionalen Modell berechnet sich die Wachstumsrate des Faktors Arbeit in Region i (g_{A_i}) dabei aus der natürlichen Bevölkerungsentwicklung in Region i und den Wanderungssalden mit anderen Regionen. Nach der neoklassischen Argumentation sind die Lohnunterschiede zwischen zwei Regionen die Ursache für das Wanderungsverhalten zwischen ihnen, und der Faktor Arbeit wandert so lange in die Region mit höheren Löhnen, bis sich die Lohnniveaus einander angeglichen haben.[32]

Die Wachstumsrate des Kapitals bestimmt sich aus den Ersparnissen der Bevölkerung in der Region und den Kapitalimporten aus anderen Regionen. Kapitalwanderungen erfolgen, indem Investitionen dort getätigt werden, wo die Renditeerwartungen am höchsten sind.[33] Der technische Fortschritt f_i wird ohne Erklärung der Ursache exogen vorgegeben.

Da für alle Regionen die gleiche Produktionsfunktion und abnehmende Grenzerträge der Produktionsfaktoren angenommen werden, wird eine gleichgewichtige

---

[31] Vgl. Eckey/Muraro, 2008, S. 111.
[32] Vgl. Eckey/Muraro, 2008, S. 111.
[33] Vgl. Eckey/Muraro, 2008, S. 112.

Wachstumsrate erzielt, die in allen Regionen identisch ist. Wächst eine Region zu schnell oder zu langsam, wird diese gleichgewichtige Wachstumsrate verlassen und Marktmechanismen, insbesondere Wanderungsbewegungen von Arbeit und Kapital, sorgen dafür, dass eine Rückkehr zum Gleichgewicht erfolgt.[34] Im Gleichgewicht gibt es keine interregionalen Wanderungsbewegungen von Arbeit und Kapital, da in diesem Fall Löhne und Zinsen in allen Regionen identisch sind.[35] Das System ist damit stabil und konvergent.

Allerdings ist anzumerken, dass das neoklassische Modell zwar in sich logisch ist, aber von einigen unrealistischen Annahmen ausgeht. Dazu gehört die Annahme von Vollbeschäftigung, vollkommener Konkurrenz und freier Faktormobilität. Auch sind in der Realität Lohn- und Renditeunterschiede nicht die einzigen Gründe für Wanderungen der Faktoren Arbeit und Kapital. Vielmehr sind häufig weiche Standortfaktoren, wie beispielsweise eine saubere Umwelt oder das Kultur- und Bildungsangebot, Ursache für oder auch gegen Wanderungsentscheidungen bei gleichzeitiger Akzeptanz eines niedrigeren Lohns. Auch die Annahme, dass die Produktionsfunktionen in allen Regionen gleich sind, ist unrealistisch, da sie vom naturräumlichen Potenzial und der Infra- und Siedlungsstruktur abhängig sind.[36] In der Realität werden häufig Divergenzen beobachtet, die Regionen entwickeln sich nicht auf ein Gleichgewichtsniveau hin.[37] Dennoch bietet die neoklassische Wachstumstheorie eine solide Erklärung der Einflussgrößen wirtschaftlichen Wachstums, die in zahlreichen Studien empirisch untermauert wurde.[38]

Aus der Ableitung der Produktionsfunktion in Gleichung 2-2 lässt sich schließen, dass die Wachstumsrate des BIP in einer Region in die Wachstumsraten der drei Inputfaktoren Technologie, Kapital und Arbeit aufgeteilt werden kann.[39] In dieser Arbeit wird der Fokus auf die Analyse des Faktors Arbeit gelegt. Dazu wird im folgenden Kapitel zunächst deskriptiv die Relevanz des Bildungsniveaus der Erwerbstätigen betrachtet. Im Anschluss daran erfolgt eine ebenfalls deskriptive

---

34 Vgl. Eckey/Muraro, 2008, S. 133.
35 Vgl. Eckey/Muraro, 2008, S. 113.
36 Vgl. Eckey/Muraro, 2008, S. 114-115.
37 Vgl. Eckey/Muraro, 2008, S. 133.
38 Vgl. z.B. Kirdar/Saracoglu, 2008, S. 545-546 und Südekum, 2006, S. 24.
39 Vgl. Barro/Sala-i-Martin, 2004, S. 434.

Betrachtung der Bedeutung von Mobilität für die Erwerbstätigkeit in Deutschland.

2.3 Einfluss von Qualifikationen

Einen Erklärungsansatz für die im Gegensatz zum neoklassischen Ansatz stehende divergente Entwicklung, also beispielsweise verschiedene Wachstumsraten in verschiedenen Regionen, liefert das Uzawa-Lucas-Modell[40], das der Neuen Wachstumstheorie zuzuordnen ist. Der Faktor Arbeit wird dabei nicht als homogen betrachtet, sondern unterscheidet sich aufgrund von Ausbildungsunterschieden in seiner Produktivität.[41] Damit bedeutet eine Investition in Ausbildung auch eine Vermehrung der zur Verfügung stehenden Arbeitskraft.[42] Dies führt wiederum zu einer Erhöhung der Wachstumsrate der Arbeitsproduktivität und damit zu höherem Wirtschaftswachstum in der Region. Im Modell wird dies durch die Aufnahme einer Humankapitalgröße[43] realisiert. Dabei erhöht sich die Wachstumsrate der Arbeitsproduktivität, wenn der Zeitanteil der Humankapitalakkumulation, in diesem Fall gemessen durch die Zahl der Bildungsjahre, dauerhaft erhöht wird.[44]

Auch im erweiterten Solow-Modell nach Mankiw, Romer und Weil[45] wird Humankapital in das Wachstumsmodell integriert. Dabei wird die Humankapitalakkumulation häufig über die Anzahl der Jahre, die ungelernte Arbeitskräfte für Bildungsaktivitäten aufwenden, modelliert. Die Zahl der Bildungsjahre wird in Form eines Durchschnittswertes für eine Region als konstant angenommen und – im Gegensatz zum Uzawa-Lucas-Modell – exogen vorgegeben.[46]

---

40 Siehe Lucas, 1988.
41 Vgl. Eckey/Muraro, 2008, S. 133.
42 Vgl. Barro/Sala-i-Martin, 2004, S. 240.
43 Humankapital ist die Subsumierung von Wissen, Fähigkeiten, Gesundheit und Werten der Personen einer Volkswirtschaft, vgl. Becker, 1993, S. 16.
44 Vgl. Hemmer/Lorenz, 2004, S. 62-63.
45 Vgl. Mankiw/Romer/Weil, 1992, S. 407-437.
46 Vgl. Hemmer/Lorenz, 2004, S. 50.

Somit ist nicht nur der Faktor Arbeit relevant für das Wachstum in einer Region, sondern auch die mit diesem Faktor verknüpften Qualifikationen.[47] Gut ausgebildetes Humankapitel wird damit zu einem wichtigen Wachstums- und Wettbewerbsfaktor. Regionen mit einem hohen durchschnittlichen Qualifikationsniveau wachsen schneller, was wiederum mit einem weiteren Beschäftigungs- und Wirtschaftswachstum einhergeht. In Abbildung 8 ist der Zusammenhang zwischen dem BIP pro Kopf und dem Anteil der Hochqualifizierten an allen Beschäftigten für die ost- und westdeutschen Arbeitsmarktregionen im Jahr 2005 als Streudiagramm dargestellt. Es ist deutlich erkennbar, dass zwischen dem alten und dem neuen Bundesgebiet große Unterschiede bestehen. Für Ostdeutschland ist das Pro-Kopf-BIP analog zu den Erkenntnissen aus Kapitel 2.1.2 insgesamt auf einem niedrigeren Niveau, obwohl der Anteil der Hochqualifizierten größer ist. Dies äußert sich auch in der Steigung der Regressionsgeraden, die für Westdeutschland größer ist als für Ostdeutschland. Für das alte Bundesgebiet ist dagegen die Streuung um die Regressionsgerade sehr viel größer. Dies zeigt sich auch in den berechneten Korrelationskoeffizienten – für Ostdeutschland weist der Koeffizient nach Bravais-Pearson mit 0,71 eine sehr viel höhere Korrelation zwischen den betrachteten Größen aus als für Westdeutschland mit 0,48. Dennoch ist sowohl für Ost- als auch für Westdeutschland ein deutlicher Zusammenhang erkennbar, womit der in mehreren Studien[48] bereits nachgewiesene Zusammenhang zwischen dem Anteil der Hochqualifizierten an den Erwerbstätigen und dem BIP pro Kopf auch für Deutschland ersichtlich ist.

Die Region München bietet mit einem hohen Anteil Hochqualifizierter von 16,4% und einem damit einhergehenden großen BIP pro Kopf von rund 44.000 Euro ein Paradebeispiel für einen möglichen Zusammenhang der beiden betrachteten Größen. Ein Ausreißer ist dagegen die in Bayern liegende Arbeitsmarktregion Dingolfing, die ein enorm hohes Pro-Kopf-BIP von 40.732 Euro erreicht, deren Anteil Hochqualifizierter jedoch lediglich bei 3,4% liegt. Die Firma BMW besitzt dort ein großes Produktionswerk, womit dieser Ausreißer erklärbar ist. Betrachtet man ausschließlich die ostdeutschen Arbeitsmarktregionen, erwirtschaftet Jena mit dem höchsten Anteil Hochqualifizierter von

---

47 Vgl. Schettkat, 2002, S. 617.
48 Vgl. z.B. Shapiro, 2006, S. 324.

18,1% das größte Pro-Kopf-BIP von rund 22.500 Euro. Der Vergleich zur „besten“ westdeutschen Arbeitsmarktregion München, deren Pro-Kopf-BIP bei einem etwas niedrigeren Anteil Hochqualifizierter fast das Doppelte beträgt, zeigt erneut den enormen Unterschied zwischen den neuen und alten Bundesländern.

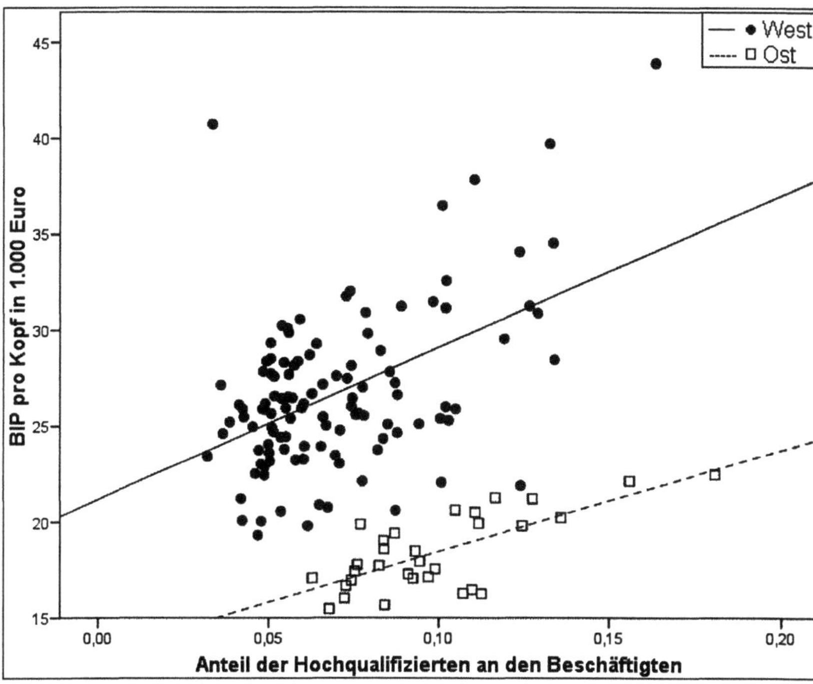

Abbildung 8: BIP pro Kopf und Anteil der Hochqualifizierten an allen Beschäftigten für West- und Ostdeutschland 2005
(Quelle: Eigene Berechnungen, Daten: Statistisches Bundesamt, 2007)

Betrachtet man die Zusammensetzung der Arbeitnehmer nach Qualifikationsniveau in Abbildung 9, so fällt auf, dass sich im betrachteten Zeitraum von 1999 bis 2005 der Anteil der Hochqualifizierten erhöht hat, wogegen sich die Zahl der Geringqualifizierten verringert hat. Allerdings ist dies womöglich dem Effekt zuzuschreiben, dass die Zahl der Erwerbstätigen im betrachteten Zeitraum insgesamt zurückgegangen ist. Von einer Rezession auf dem Arbeitsmarkt sind in der Regel niedriger qualifizierte Arbeitskräfte stärker betroffen als höher qualifizierte Arbeitskräfte, womit sich diese Verschiebung erklären lässt.

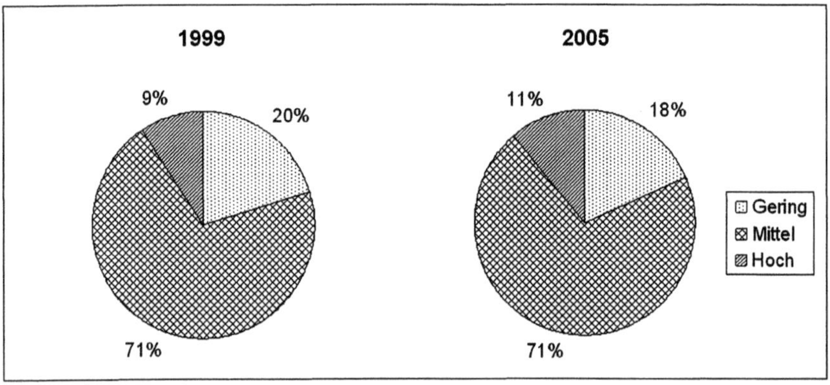

Abbildung 9: Prozentuale Anteile der Beschäftigten nach Qualifikationsniveau für 1999 und 2005
(Quelle: Eigene Berechnungen, Daten: Statistisches Bundesamt, 2007)

In der Analyse in Kapitel 4 wird der Einfluss der Qualifikationsstruktur der Erwerbstätigen sowie weiterer ökonomischer Variablen auf die regionale Entwicklung der Erwerbstätigenzahlen in Form einer Paneldatenanalyse näher untersucht. Dabei liegt die Annahme zugrunde, dass ein größerer Anteil hochqualifizierter Arbeitskräfte einen positiven Einfluss auf das Wachstum der gesamten Beschäftigtenzahlen hat. Kann diese Annahme bestätigt werden, so ist ein erhöhtes Augenmerk auf Bildungsmaßnahmen für zukünftige Arbeitskräfte zu legen, um die Arbeitsmärkte der deutschen Regionen zu stärken.

2.4 Mobilität von Arbeitskräften

Kapitel 2.3 verdeutlichte, dass nicht allein die Verfügbarkeit von Arbeitskräften, sondern darüber hinaus die Verfügbarkeit qualifizierten Personals zunehmend die Standort-Attraktivität und Konkurrenzfähigkeit von Regionen bestimmt.[49] Wenn aber Regionen mit einem hohen Anteil hochqualifizierter Arbeitskräfte schneller wachsen als andere Regionen, verstärkt sich damit ihr wirtschaftlicher

[49] Vgl. Rohr-Zänker, 1998, S. 16.

Vorteil und die räumlichen Unterschiede vergrößern sich weiter. In diesem Zusammenhang ist die Veränderung der Struktur des Arbeitsmarktes durch die Migration hochqualifizierter Arbeitskräfte ein wichtiger Aspekt. Unter Migration versteht man dabei die geographische Veränderung des Wohnorts einer Person, Familie oder eines Haushalts.[50] Eine selektive Abwanderung von Arbeitskräften aus peripheren Regionen wird als Schwächung ihrer endogenen Potentiale interpretiert, die Zuwanderung hochqualifizierter Arbeitskräfte bedeutet dagegen eine Verbesserung ihrer Entwicklungschancen. Dem Wanderungsverhalten und den Motiven von Wanderungsentscheidungen kommt folglich eine große Bedeutung bei der Entwicklungspolitik für periphere Räume zu.

Diese Wanderungsentscheidungen sollen aufgrund der Analyse der ökonomischen Bedingungen in den Regionen erklärt werden. Dabei wird zwischen makro- und mikrotheoretischen Erklärungsmodellen unterschieden. Während die Makrotheorien allgemeine Regelmäßigkeiten auf struktureller Ebene suchen, stellen die Mikrotheorien das entscheidungs- und handlungsfähige Individuum ins Zentrum.[51] Da sich die Analyse in Kapitel 6 auf makrotheoretische Überlegungen stützt, werden lediglich diese kurz dargestellt.[52]

Ziel der makrotheoretischen Ansätze ist die Erfassung des Wanderungsverhaltens als einen allgemeinen Prozess, um daraus gewisse Gesetzmäßigkeiten ableiten zu können. Die Theorie von Ravenstein[53] wird als Startpunkt der makrotheoretischen Wanderungsforschung angesehen.[54] Nach dieser Theorie sind analog zur Neoklassik regional bedingte Arbeitsmarktungleichgewichte die wichtigste Ursache von Wanderungsströmen.[55] Dabei gilt die Annahme, dass die Wanderungsströme mit zunehmender Distanz zwischen Ziel- und Herkunftsort abnehmen. Außerdem geht dieser Theorie zufolge für lange Distanzen der Wanderungstrend hin zu Industriezentren. Weiterhin wird angenommen, dass die städtische Bevölkerung weniger mobil ist, als die auf dem Land lebende.[56]

---

50 Vgl. Stillwell/Congdon, 1991, S. 3.
51 Vgl. Bundesamt für Statistik, 2007, S. 25.
52 Für eine Übersicht über Mikrotheorien der Wanderung siehe z.B. Bundesamt für Statistik, 2007, S. 26-27.
53 Siehe Ravenstein, 1972a und Ravenstein, 1972b.
54 Vgl. Kalter, 2000, S. 440.
55 Vgl. Ravenstein, 1972b, S. 82.
56 Vgl. Ravenstein, 1972a, S. 51-52.

Der gravitationstheoretische Ansatz als weiteres Erklärungsmodell von Wanderungsverhalten geht in der einfachsten Version davon aus, dass sich das Wanderungsvolumen proportional zum multiplizierten Bevölkerungsstand von zwei Regionen dividiert durch die Distanz zwischen ihnen verhält.[57] Dieser Grundansatz lässt sich durch weitere Größen erweitern. Eine solche Erweiterung erfolgt in der Makroökonomie beispielsweise durch strukturelle Faktoren, wie regionale Einkommensunterschiede, Arbeitslosenquoten, die Zahl der Stellenangebote oder der Leerwohnungsstand.[58] Dies bietet die Möglichkeit, Erklärungsansätze der klassischen Ökonomie im gravitationstheoretischen Ansatz zu berücksichtigen. Dabei gilt, dass Wanderungsbewegungen aufgrund regional verschiedener Preise für den Produktionsfaktor Arbeit entstehen, die wiederum aufgrund von regionalen Ungleichgewichten zwischen Arbeitskräfteangebot und –nachfrage entstehen. Durch die Abwanderung aus Niedriglohngebieten und die Zuwanderung in Hochlohngebiete steigen die Löhne in den Abwanderungsregionen, während sie in den Zuwanderungsregionen sinken.[59] Damit stellt sich nach der neoklassischen Theorie letztendlich ein globales Gleichgewicht ein.[60]

Anzumerken ist, dass die makrotheoretischen Ansätze die Motive, welche die Wanderungsentscheidungen von Individuen im Einzelnen beeinflussen, empirisch nicht erklären können. Für die in Kapitel 6 folgende Analyse ist festzuhalten, dass die Distanz als Indikator für die Kosten der Migrationsentscheidung vermutlich einen signifikant negativen Einfluss auf die Zahl der Wanderungen haben wird. Erfahrungsgemäß nimmt dieser Einfluss mit höherem Bildungsniveau ab.[61] Außerdem sollten aufgrund der dargestellten Theorien der Bevölkerungsstand sowie den Arbeitsmarkt betreffende Größen, wie z.B. die Arbeitslosenquote, in einer Analyse der interregionalen Migrationsströme auf ihren Einfluss überprüft werden.

Ein weiterer Ansatz, der vor allem für die Gruppe der Hochqualifizierten die Migrationsentscheidung erklärt, ist das Selektionsmodell nach Roy.[62] Danach entscheiden sich Individuen bei der Arbeitsplatzsuche für Regionen mit einer für

---

57 Vgl. Kalter, 2000, S. 441.
58 Vgl. Kalter, 2000, S. 445.
59 Vgl. Eckey/Muraro, 2008, S. 111.
60 Dabei müssen jedoch die Voraussetzungen der Neoklassik gegeben sein, siehe Kapitel 2.2.
61 Vgl. Arntz, 2006b, S. 21.
62 Vgl. Roy, 1951, S. 135-146.

sie vorteilhaften Lohnverteilung. Ist das mittlere Lohnniveau für alle Regionen gleich, dann suchen sich Hochqualifizierte, die einen Lohn in den oberen Bereichen der Lohnverteilung erwarten, Regionen mit ausgeprägter Lohnungleichheit, da sie dort mit den vergleichsweise höchsten Löhnen rechnen können. Anders verhält es sich dagegen für Arbeitnehmer, die eher unterdurchschnittliche Löhne erwarten. Für sie ist eine geringe Lohnungleichheit vorteilhafter, da dann die ökonomischen Einbußen für ein niedrigeres Humankapitalniveau geringer sind.[63]

Aufgrund der in Kapitel 2.3 dargestellten Relevanz des Qualifikationsniveaus der Arbeitskräfte einer Region führt die Abwanderung von Hochqualifizierten zu einer Wohlfahrtsminderung für die Abwanderungsregion. Allerdings sind hochqualifizierte Arbeitnehmer häufig in urbanen Zentren konzentriert, da an diesen Standorten im Allgemeinen ein dichterer und vielfältigerer Unternehmensbesatz vorliegt. Durch diese Konzentration von wirtschaftlichen Einrichtungen ergeben sich bessere berufliche Perspektiven und Aufstiegsmöglichkeiten.[64] Die Hauptwanderungsströme Hochqualifizierter finden somit zwischen wirtschaftsstarken Regionen statt, also zwischen Regionen mit einem dichten Arbeitsplatzbesatz.[65]

In Abbildung 10 ist der prozentuale Anteil der interregionalen Arbeitsplatzwechsel des in der Analyse in Kapitel 6 verwendeten Datensatzes für den Zeitraum von 2001 bis 2004 nach Qualifikationsniveau dargestellt. Es handelt sich dabei also um Arbeitsplatzwechsel, bei denen der vorherige Arbeitsplatz in einer anderen Arbeitsmarktregion liegt als der neue Arbeitsplatz. Dabei wird deutlich, dass hochqualifizierte Arbeitnehmer deutlich mobiler sind als Arbeitnehmer der anderen Qualifikationsniveaus.[66] Die Wanderungswahrscheinlichkeit wächst demnach mit der beruflichen Qualifikation. Dies erklärt sich auch aus dem hohen Grad ihrer Spezialisierung und den unterschiedlichen Bedingungen auf den Arbeitsmärkten.[67] 41,3% der in der Stichprobe erfassten Hochqualifizierten ha-

---

63 Vgl. Borjas/Bronars/Trejo, 1992, S. 165.
64 Vgl. Rohr-Zänker, 1998, S. 45-46.
65 Vgl. Birg et al., 1993, S. 44.
66 Vgl. hierzu z.B. auch Franz, 2003, S. 200, OECD, 2008, S. 72 und Machin/Pelkonen/ Salvanes, 2008, S. 24.
67 Vgl. Rohr-Zänker, 1998, S. 38.

ben zwischen 2001 und 2004 ihren Arbeitsplatz und gleichzeitig die Arbeitsmarktregion gewechselt. Aufgrund der Abgrenzungsart der Arbeitsmarktregionen ist ein solcher Wechsel in der Regel mit einem Umzug verbunden. Für Geringqualifizierte waren es mit 36,2% rund 5% weniger Arbeitsplatzwechsel in eine andere Arbeitsmarktregion. Die Gruppe der Mittelqualifizierten liegt mit einer Wechselwahrscheinlichkeit von 38,4% dazwischen.

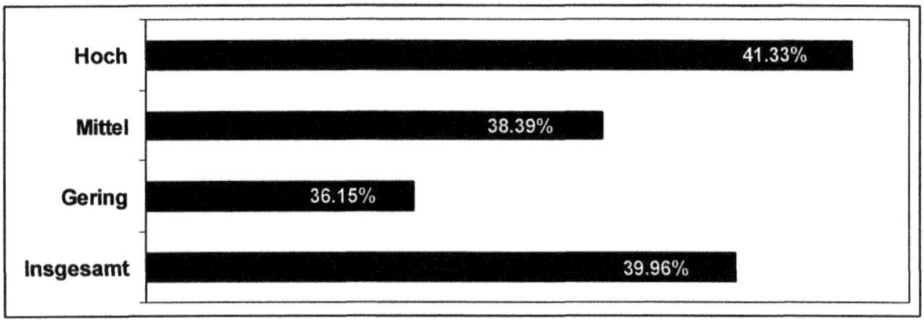

Abbildung 10: Prozentualer Anteil der interregionalen Arbeitsplatzwechsel von 2001 bis 2004 nach Qualifikationsniveau und insgesamt
(Quelle: Eigene Berechnungen, Daten: IABS04)

Diese Differenzen können mit den obigen Erklärungsansätzen begründet werden. Möglich ist aber auch, dass für die Migrationsentscheidung von Hochqualifizierten andere Variablen relevant sind als für die von niedriger qualifizierten Arbeitskräften. Beispielsweise haben hochqualifizierte Arbeitnehmer häufig Zugang zu interregionalen Karrierenetzwerken und sind damit unabhängiger von der regionalen Arbeitsnachfrage.[68] Um solche Unterschiede quantifizieren zu können, wird die in Kapitel 6 durchgeführte Analyse der interregionalen Arbeitsplatzwechsel in Deutschland auch getrennt für die drei Bildungsniveaus Gering-, Mittel- und Hochqualifizierte durchgeführt. In der vorausgehenden Untersuchung in Kapitel 4 wird zuvor der Einfluss der Zusammensetzung der Bildungsniveaus auf das regionale Wachstum der deutschen Arbeitsmarktregionen analysiert.

[68] Vgl. Arntz, 2006a, S. 6.

3 RÄUMLICHE ÖKONOMETRIE

3.1.1.1 Grundlagen

Die Frage, warum räumliche Beziehungen in Querschnitts- bzw. Panelschätzungen berücksichtigt werden sollten, beantwortete Tobler bereits 1970 mit seinem ‚First Law of Geography': „everything is related to everything else, but near things are more related than distant things."[69] Bei der Verwendung raumbezogener Daten in statistischen Analysen ist also zu beachten, dass wechselseitige Abhängigkeiten zwischen (üblicherweise nahe beieinander liegenden) Regionen vorliegen können. Allgemein gilt, dass raumstrukturelle Abhängigkeit immer dann vorliegt, wenn Korrelationen zwischen Querschnittsdaten nicht Null sind und das Muster der Korrelationen einer bestimmten räumlichen Ordnung folgt.[70] Während der allgemeine Begriff Korrelation gemeinhin die Stärke der Wechselbeziehungen zwischen zwei Variablen misst, bezieht sich Autokorrelation auf die Korrelation innerhalb einer Variable. Zeitliche Autokorrelation bezeichnet dabei die Korrelation zwischen den Ausprägungen derselben Variable zu verschiedenen Zeitpunkten und räumliche Autokorrelation die Korrelation zwischen den Ausprägungen derselben Variable in verschiedenen Regionen.[71] Räumliche Interaktionen zeichnen sich dadurch aus, dass sich der Wert der interessierenden Variablen in einer bestimmten Region mit variierenden Werten dieser Variable in anderen Regionen ändert.[72] Sind die Daten räumlich voneinander abhängig, so müssen diese Informationen bei der Schätzung einbezogen werden. Die hohe Relevanz räumlicher Korrelationen in empirischen Analysen von Arbeitsmärkten wurde bereits in vielen Untersuchungen nachgewiesen.[73]

Die räumliche Ökonometrie berücksichtigt sowohl räumliche Interaktionen als auch räumliche Strukturen in Regressionsmodellen für Querschnitts- und Paneldaten. Allgemein kann räumliche Ökonometrie also zusammengefasst werden als Sammlung von Methoden, die speziell auf räumliche Effekte zugeschnitten

---

69 Tobler, 1970, S. 236.
70 Vgl. Anselin/Le Gallo/Jayet, 2008, S. 627.
71 Vgl. Getis, 2007, S. 493.
72 Vgl. Anselin, 1988a, S. 310.
73 Vgl. z.B. Elhorst/Blien/Wolf, 2007, S. 173-191 und Longhi/Nijkamp, 2007, S. 100-119.

sind. Bei Vorliegen räumlicher Autokorrelation sind – ähnlich zur zeitlichen Autokorrelation – die Residuen angrenzender Regionen nicht mehr unabhängig voneinander. Die Kovarianz der Regionen i und j weicht dann zumindest für einige i-j-Kombinationen von Null ab:[74]

$$\mathrm{Cov}(\varepsilon_i, \varepsilon_j) \neq 0 \quad \text{für} \quad i \neq j \qquad 3\text{-}1$$

Damit ist eine KQ-Schätzung nicht erwartungstreu, und die Signifikanztests verlieren ihre Gültigkeit. Die regionale Kovariabilität muss somit im Modell berücksichtigt werden.

Räumliche Autokorrelation kann z.B. durch Diffusions- bzw. Spillover-Effekte oder durch Abgrenzungsprobleme verursacht werden. Spillover-Effekte entstehen dadurch, dass sich beispielsweise Wissen durch regionsübergreifende Netzwerke ausbreitet. Abgrenzungsprobleme entstehen dann, wenn mit Verwaltungseinheiten statt mit funktionalen Gebieten gearbeitet wird. Verwaltungseinheiten, wie z.B. Kreise, berücksichtigen keine räumlichen Verflechtungen, wogegen funktionale Räume, wie die in dieser Analyse verwendeten Arbeitsmarktregionen, aufgrund von ökonomischen Aktivitäten abgegrenzt werden.[75]

Räumliche Strukturen sind für regionalwirtschaftliche Analysen insoweit relevant, als Regionen in der Regel heterogen sind und daher Methoden benötigen, die diese Strukturen berücksichtigen.[76] Dies spiegelt sich häufig in Heteroskedastie oder in Form variabler Regressionskoeffizienten wieder[77] und wird beispielsweise in Seemingly Unrelated Regression-Modellen (SUR-Modelle) durch die Schätzung variierender Regressionskoeffizienten berücksichtigt.

Nach der Einführung von Gewichtungsmatrizen zur Darstellung räumlicher Strukturen in ökonometrischen Analysen in Kapitel 3.1.2 wird in den darauf folgenden Kapiteln im Hinblick auf die empirische Analyse in Kapitel 4 eine Aus-

---

74 Vgl. Eckey/Kosfeld/Türck, 2006b, S. 549.
75 Im Fall der Arbeitsmarktregionen erfolgte die Abgrenzung aufgrund von Pendlerströmen, siehe Kapitel 2.1.2.
76 Vgl. Anselin, 1988a, S. 13.
77 Vgl. Anselin, 2001, S. 311.

wahl räumlicher Regressionsmodelle für Querschnittsdaten sowie die dazugehörigen Testverfahren erläutert. Darauf aufbauend folgt die Darstellung räumlicher Panelmodelle und Analysemethoden zur Diagnose räumlicher Effekte.

3.1.2 Gewichtungsmatrizen

Die räumlichen Strukturen werden üblicherweise in räumlichen Gewichtungsmatrizen dargestellt. Eine räumliche Gewichtungsmatrix $\mathbf{W}_N = [w_{ij}]$ ist eine festgelegte, nicht stochastische (N x N)-Matrix, wobei N die Anzahl der Regionen ist. Die Gewichtungsmatrix hat die folgenden Eigenschaften:

- $w_{ij} = 0$, wenn i und j räumlich nicht miteinander verbunden sind und per Definition, wenn i = j. Das heißt, alle Elemente der Hauptdiagonalen sind Null, eine Region ist damit nicht räumlich mit sich selbst verbunden.
- $w_{ij} \neq 0$ für alle i und j, die räumlich miteinander verbunden sind. Üblicherweise sind diese Werte größer als Null.

Werden in der Gewichtungsmatrix Gemeinsamkeiten, wie beispielsweise gemeinsame Grenzen, gemessen, spricht man auch von einer Nachbarschaftsmatrix. Beinhaltet die Gewichtungsmatrix dagegen Merkmale der Verschiedenheit, wie z.B. Distanzen zwischen Regionen, wird sie auch Distanzmatrix genannt. Nachbarschafts- und Distanzmatrizen sind in der Regel umgekehrt voneinander abhängig: Je größer die Gemeinsamkeiten, desto geringer ist die Distanz und umgekehrt. Die Wahl der Gewichtungsmatrix hat mit Vorsicht zu erfolgen. Zum einen, um scheinbare Korrelationen zu vermeiden, die eigentlich gar nicht vorliegen,[78] und zum anderen hat die Wahl der Gewichtungsmatrix Auswirkungen auf anzuwendende Testverfahren.[79] Sie soll daher so gewählt werden, dass sie die erwartete räumliche Korrelationsstruktur widerspiegelt.[80]

Im Folgenden werden verschiedene Varianten von Gewichtungsmatrizen kurz erläutert.

---

[78] Vgl. Cliff/Ord, 1981, S. 17.
[79] Vgl. Florax/Rey, 1995, S. 132.
[80] Vgl. Pinske, 2004, S. 69.

3.1.2.1 Definitionen von Gewichtungsmatrizen

Nachbarschaft (verschiedener Ordnung)

Nachbarschaftsmatrizen sind die am einfachsten zu erstellenden und zugleich auch die am häufigsten verwendeten Gewichtungsmatrizen. Es sind symmetrische, binäre (N x N)-Matrizen, mit $w_{ij} = 1$ für zwei benachbarte Regionen i und j. Dagegen ist $w_{ij} = 0$, wenn die Regionen i und j nicht benachbart sind, sowie definitionsgemäß (siehe oben) für i = j. Die konkrete Form der Matrix hängt von der Definition von Nachbarschaft ab.

Die am häufigsten verwendeten Definitionen, teilweise benannt nach den Zugmöglichkeiten von Schachfiguren, werden in Abbildung 11 als Nachbarn (N) einer Region (R) kurz dargestellt.[81]

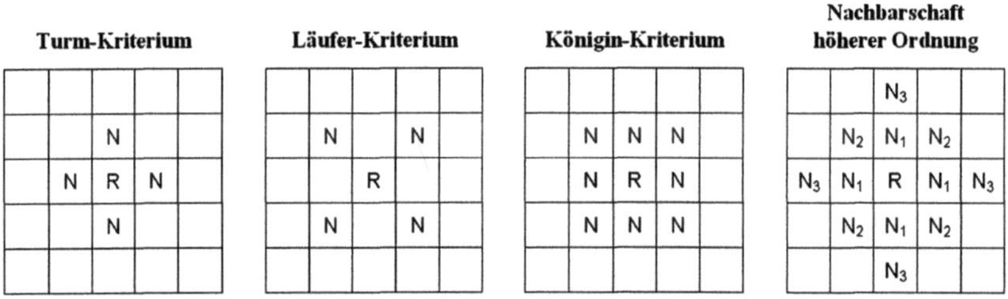

Abbildung 11: Definition von Nachbarschaftskriterien

(1) Turm-Kriterium: Zwei Regionen sind Nachbarn, wenn sie eine gemeinsame Grenzlinie haben, deren Länge größer Null ist.

(2) Läufer-Kriterium: Zwei Regionen sind Nachbarn, wenn sie eine gemeinsame Grenze der Länge Null (einen Knotenpunkt) haben.

(3) Königin-Kriterium: Zwei Regionen sind Nachbarn, wenn sie eine gemeinsame Grenze haben.

(4) Nachbarschaft höherer Ordnung:

   a. Eine Nachbarschaft erster Ordnung impliziert das Turm-Kriterium, zweiter Ordnung das Läufer-Kriterium und eine Nachbarschaft drit-

---

[81] Für weitere Definitionen von Nachbarschaft vgl. z.B. Kelejian/Robinson, 1995, S. 94-95.

ter Ordnung entsteht durch eine Aneinanderreihung des Turm-Kriteriums.

b. Eine Nachbarschaft erster Ordnung ist, wenn zwei Regionen nach dem Königinkriterium unmittelbar aneinandergrenzen (N_1 und N_2), eine Nachbarschaft zweiter Ordnung, wenn eine Region dazwischen liegt (N_3), usw.

Es ist direkt ersichtlich, dass Regionen in Volkswirtschaften, wie z.B. Kreise, nicht, wie oben abgebildet, regulär angeordnet sind, sondern Grenzen unterschiedlicher Länge und Form aufweisen. Um die relative Länge der gemeinsamen Grenze in die Gewichtung einzubeziehen, kann der Gewichtungsfaktor w_{ij} als Anteil der gemeinsamen Grenzlänge der Regionen i und j an der gesamten Grenzlänge von Region i gebildet werden.[82]

Inverse Distanzen

Eine weitere Art von Gewichtungsmatrizen beruht auf den Distanzen zwischen den Regionen. Da davon auszugehen ist, dass die Korrelationen mit steigender Distanz abnehmen, wird eine inverse Distanzfunktion unterstellt:

$$w_{ij} = \frac{1}{d_{ij}} \qquad 3\text{-}2$$

Häufig wird diese Distanz mit der relativen Länge der gemeinsamen Grenze kombiniert. Die Gewichtungsparameter sind dann eine Funktion der Distanz d_{ij} zwischen den Regionen i und j, der gemeinsamen Grenzlänge l_{ij} und der gesamten Grenzlänge l_i von Region i:[83]

$$w_{ij} = f\left(d_{ij}, \frac{l_{ij}}{l_i}\right) \qquad 3\text{-}3$$

82 Vgl. Odland, 1988, S. 30.
83 Vgl. Cliff/Ord, 1981, S. 17-18.

Diese Funktion kann unterschiedlich gestaltet werden, was bereits bei der Definition der Distanz beginnt. Es kann die Distanz zwischen den Grenzen oder den Zentren der Regionen gemessen werden. Beispielsweise gewichtet die Definition

$$w_{ij} = d_{ij}^{-a}\left(\frac{l_{ij}}{l_i}\right)^b \qquad 3\text{-}4$$

für positive a und b jene Regionenpaare stärker, deren Zentren nah beieinander liegen (gemessen durch d_{ij}) und deren gemeinsame Grenze relativ lang ist.[84]

Alle Regionen innerhalb einer kritischen Distanz

Bei dieser Definition von Nachbarschaftsbeziehungen sind alle $w_{ij} > 0$ für diejenigen Regionen j, die innerhalb einer kritischen Distanz zur Region i liegen. Dazu können verschiedene „Distanzringe" aufeinander folgen, so dass beispielsweise Regionenpaare mit einer kritischen Distanz d_1 einen höheren Wert w_{ij} erhalten als Regionenpaare mit einer kritischen Distanz d_2. Dabei gilt in der Regel, dass $d_1 < d_2$.

n näheste Nachbarn

Für diese Form der Gewichtungsmatrix gilt die Regel, dass für jede Region eine bestimmte Anzahl n als Nachbarregionen festgelegt wird, mit denen Interaktionen bestehen. Die n nächsten Nachbarn einer Region erhalten somit Gewichtungsfaktoren $w_{ij} \neq 0$. Mit dieser Variante wird auch sichergestellt, dass jede Region mindestens einen Gewichtungsfaktor ungleich Null hat.[85]

3.1.2.2 Anwendungen und Probleme

Die räumlichen Korrelationsparameter w_{ij} können nur dann sinnvoll interpretiert und zwischen verschiedenen Betrachtungen verglichen werden, wenn

[84] Vgl. Cliff/Ord, 1981, S. 18.
[85] Vgl. Klotz, 2004, S. 26.

die Gewichtungsmatrizen standardisiert werden. Dies geschieht durch die Zeilennormierung, bei der alle Gewichte einer Reihe durch ihre Summe dividiert werden, so dass ihre Summe danach genau Eins ergibt.[86] Infolge dieser Normierung kann der Ausdruck

$$\sum_{j=1}^{N} w_{ij} \cdot y_j \qquad 3\text{-}5$$

als der räumlich gewichtete Mittelwert der Variable y in der Nachbarschaft der Region i interpretiert werden.[87] Der Normierung der Gewichtungsmatrix liegt zudem die Annahme zugrunde, dass der Einfluss von außen für alle Regionen gleich stark ist. Diese Bedingung könnte problematisch sein, wenn die untersuchten Regionen unterschiedlich groß sind oder sich in ihrer Wirtschaftskraft stark unterscheiden. Im Fall der hier untersuchten Arbeitsmarktregionen ist beispielsweise davon auszugehen, dass die Einflüsse von außen auf kleine Regionen wie Cham, Freudenstadt oder Minden sehr viel größer sind, als die auf große, strukturstarke Regionen wie Frankfurt, Hamburg oder München. Ein weiteres Manko der Zeilennormierung ist, dass eine vorher eventuell vorhandene Symmetrieeigenschaft der Gewichtungsmatrix verloren geht. Dennoch werden in empirischen Anwendungen häufig zeilennormierte Gewichtungsmatrizen verwendet,[88] um die Interpretation der Schätzergebnisse zu vereinfachen und die Vergleichbarkeit der geschätzten räumlichen Parameter zu gewährleisten.[89] Im Rahmen dieser Analyse werden sowohl normierte als auch symmetrische Gewichtungsmatrizen in den Schätzungen verwendet. Ändern sich die Ergebnisse bei der Verwendung verschiedener Gewichtungsmatrizen stark, so ist davon auszugehen, dass die Problematik der unterschiedlich starken Einflüsse von außen für die deutschen Arbeitsmarktregionen zutreffend ist. Andernfalls ist davon auszugehen, dass die Ergebnisse robust gegen die Wahl der Gewichtungsmatrix sind. Dies ist wiederum insofern wünschenswert, als die Wahl der Gewichtungsmatrix die Ergebnisse von Tests (siehe Kapitel 3.1.2) verzerren kann. Sind

---

86 Vgl. Anselin/Florax, 1995, S. 23.
87 Vgl. Klotz, 2004, S. 23.
88 Vgl. z.B. Varga, 2000, S. 296 und Kosfeld/Eckey/Dreger, 2005, S. 194.
89 Vgl. Klotz, 2004, S. 23.

die Test- und Schätzergebnisse also gegen die Wahl der räumlichen Gewichtungsmatrix robust, so können diese als valide angesehen werden.

Problematisch ist weiterhin, dass Regionen, die an den Rändern des Untersuchungsgebietes liegen, in der Regel Einflüssen von außen unterliegen, die sich nicht in der Gewichtungsmatrix darstellen lassen. So wird in der vorliegenden Analyse beispielsweise die Region Waldshut auch von Entwicklungen in der benachbarten Schweiz abhängen. Falls diese Effekte nicht anderweitig einbezogen werden können, werden diese Abhängigkeiten in den geschätzten Korrelationen der Regionen des Untersuchungsgebiets aufgefangen und lösen somit Verzerrungen aus.

Weiterhin ist bei der Spezifikation von Gewichtungsmatrizen zu beachten, dass diese sparsam modelliert werden sollten. Je weniger Gewichtungsfaktoren gleich Null sind, desto größer ist der Rechenaufwand bei der Schätzung. Für einige Schätzverfahren, wie auch für die in dieser Arbeit angewandte Maximum Likelihood (ML)-Schätzung, ist eine sparsame Gewichtungsmatrix erforderlich. Zudem reduziert eine überidentifizierte Gewichtungsmatrix die Macht der in Kapitel 3.3 dargestellten Tests auf räumliche Korrelationen.[90]

Für die folgenden Panelanalysen ist zu beachten, dass die Gewichtungsmatrix zeitlich konstant ist, so dass sie folgende Form annimmt:

$$\mathbf{W}_{NT} = \mathbf{I}_T \otimes \mathbf{W}_N \qquad 3\text{-}6$$

Die (NT x NT)-Matrix **W** ist also das Kronecker-Produkt aus der Einheitsmatrix der Dimension T für die Anzahl der betrachteten Perioden ($\mathbf{I}_T$) und der Gewichtungsmatrix der Querschnittsbetrachtung der Regionen mit der Dimension N ($\mathbf{W}_N$).

Allgemein ist kritisch anzumerken, dass für alle Spezifizierungsversuche der räumlichen Gewichtungsmatrix „die Bedeutung der Regionen, ihr naturräumliches Muster und die relative Stärke der Verbindung zwischen den Raum-

[90] Vgl. Getis/Aldstadt, 2004, S. 92.

einheiten kaum berücksichtigt wird.“[91] In den meisten Analysen beruhen die Gewichtungsmatrizen lediglich auf physischen Nachbarschaftsbeziehungen oder inversen Distanzen.

3.1.3 Raumstrukturelle Stationarität und Isotropie

In der Zeitreihenbetrachtung nimmt die Stationarität bei der ökonometrischen Analyse einen wichtigen Stellenwert ein. In diesem Kontext wird davon ausgegangen, dass die Verteilung jeder Zufallsvariable x_t zu jedem Zeitpunkt gleich ist, Mittelwert und Varianz konstant sind und dass die Kovarianz zweier verschiedener Ausprägungen x_t und x_{t+s} nicht vom jeweiligen Zeitpunkt, sondern nur von der Länge der zeitlichen Verzögerung s abhängt.[92]

Diese Definition lässt sich nicht ohne Weiteres in die räumliche Ökonometrie übertragen, da die Verzögerung in der Zeitreihenbetrachtung auf einer Zeitachse festgelegt ist. In der räumlichen Betrachtung sind die Regionen in verschiedenen Richtungen zueinander angeordnet. Die analoge Definition wäre, dass die Ausprägungen y_i konstante Mittelwerte und Varianzen aufweisen und die Kovarianz von y_i und y_j nur von ihrer relativen und nicht von der absoluten räumlichen Anordnung abhängt.[93] Damit lässt sich raumstrukturelle Stationarität definieren als:

$$\begin{aligned} E(y_i) &= \upsilon_i = \upsilon \\ Var(y_i) &= \sigma_i^2 = \sigma^2 \\ Cov(y_i, y_j) &= \sigma^2 \psi_{i,j} \end{aligned} \qquad 3\text{-}7$$

mit

$$i \neq j, \quad \psi_{i,j} = \psi[d(i,j)], \quad d > 0, \; \frac{\delta\psi}{\delta d} < 0. \qquad 3\text{-}8$$

---

[91] Schulze, 1993/1994, S. 63.
[92] Vgl. Enders, 2004, S. 53.
[93] Vgl. Cliff/Ord, 1981, S. 142.

$\psi_{i,j}$ ist eine Korrelationsfunktion, die von der Distanz zwischen den Regionen i und j abhängt. Die Korrelation zweier Regionen nimmt also mit der Entfernung d zwischen ihnen ab. Die Form der Distanzfunktion $d(i,j)$ muss für den betreffenden Einzelfall bestimmt werden. Damit es sich um einen stationären Prozess handeln kann, muss gelten, dass für zwei Regionen, zwischen denen derselbe Abstand gemessen wird, auch eine identische Kovarianz herrschen muss.

Bei der Bestimmung der Distanzfunktion ist zu berücksichtigen, dass eine allgemein gehaltene Funktion die Möglichkeit der Asymmetrie einschließt: Der Einfluss von Region i auf Region j kann ein anderer sein als der von j auf i, die Richtung spielt dabei also ebenfalls eine entscheidende Rolle. Durch die zweidimensionale Betrachtungsweise gibt es hier sehr viele Möglichkeiten (z.B. über eine 360-Grad-Rotation). Symmetrie hingegen impliziert, dass bei Flächenbetrachtungen ein eindimensionales Distanzmaß verwendet werden darf, ohne dass dabei Information verloren ginge. Ein symmetrischer, also richtungsunabhängiger, und außerdem stationärer Prozess ist *isotrop*.[94] Aus Gründen der Vereinfachung wird häufig von isotropen Prozessen ausgegangen, obwohl Symmetrie keineswegs selbstverständlich ist, da beispielsweise eine kleine Region von einer großen stärker beeinflusst wird als umgekehrt.

Ähnlich wie in der Zeitreihenbetrachtung gibt es auch für die raumstrukturelle Stationarität eine Definition für ‚schwache Stationarität'. Die Kovarianz zwischen den Zufallsvariablen y_i und y_j $(i \neq j)$ hängt dann ausschließlich von der Distanz zwischen den Regionen i und j und ihrer relativen Anordnung im Raum ab. Für isotrope Prozesse hängt die Kovarianz nur von der Distanz zwischen den Regionen ab.[95]

Die Problematik der räumlichen Stationarität verdeutlicht sich in der unvermeidlichen, exogenen Wahl der Distanzfunktion. Daraus resultiert eine gewisse Beliebigkeit, was eine Überprüfung auf raumstrukturelle Stationarität nutzlos erscheinen lässt. Andererseits besteht bei Nicht-Stationarität die Gefahr der scheinbaren Regression (Spurious Regression). Der im Rahmen dieser Ar-

---

[94] Vgl. Anselin, 1988a, S. 43.
[95] Vgl. Anselin, 1988a, S. 43.

beit durchgeführte Test (siehe Kapitel 3.4) unterscheidet zwischen stationärer räumlicher Autokorrelation und Nicht-Stationarität. Damit soll die Gefahr von Spurious Regression in dieser Analyse vermieden werden. Allgemein gilt, dass hohe Werte für Moran's I – analog zu niedrigen Werten der Durbin-Watson-Teststatistik als Hinweis für zeitliche scheinbare Regression – ein Indikator für räumliche Nicht-Stationarität sind.[96] Weitere Ansätze für Tests auf räumliche Stationarität finden sich zwar in älteren Quellen, können jedoch in dieser Analyse aufgrund der eingeschränkten Anwendbarkeit nicht genutzt werden.[97]

3.2 Räumliche Regressionsmodelle für Querschnittsdaten

3.2.1 Allgemeines Räumliches Regressionsmodell (AR-Modell)

Die allgemeine Version des räumlichen Regressionsmodells (General Spatial Model) enthält sowohl eine räumlich-endogene Lag-Variable als auch eine räumliche Struktur im Fehlerterm:[98]

$$\mathbf{y} = \rho \mathbf{W_1 y} + \boldsymbol{\beta} \mathbf{X} + \mathbf{u} \qquad 3\text{-}9$$

mit

$$\mathbf{u} = \lambda \mathbf{W_2 u} + \varepsilon \qquad 3\text{-}10$$

und

$$\varepsilon \sim NV\left(0, \sigma_\varepsilon^2\right) \qquad 3\text{-}11$$

Der (K x 1)-Vektor $\boldsymbol{\beta}$ beinhaltet die Schätzparameter der exogenen Variablen $\mathbf{X}$ (N x K-Matrix), K ist also die Zahl der Regressoren. Der Parameter ρ ist der autoregressive Koeffizient der räumlich-endogenen Lag-Variable und λ der Autokorrelationskoeffizient in der räumlich autoregressiven Struktur im Fehlerterm

96 Vgl. Lauridsen/Kosfeld, 2006, S. 365.
97 Vgl. z.B. Bose/Steinhardt, 1996, S. 1528.
98 Vgl. Anselin, 1988a, S. 34.

u. Die Restwerte ε sollen die Annahmen des klassischen linearen Regressionsmodells erfüllen.[99] $\mathbf{W_1}$ und $\mathbf{W_2}$ sind die Gewichtungsmatrizen, in denen die räumliche Struktur dargestellt ist. Dabei kann gelten, dass $\mathbf{W_1} = \mathbf{W_2}$. Durch die Verwendung von zwei verschiedenen Gewichtungsmatrizen ist eine verschiedenartige Modellierung von räumlichen Abhängigkeiten höherer Ordnung im Residualterm möglich. Dabei kann beispielsweise $\mathbf{W_1}$ eine Nachbarschaftsmatrix erster Ordnung sein, um die direkten regionalen Effekte abzubilden. Die inverse Entfernung zur zentralen Stadt oder Region in der betrachteten Volkswirtschaft könnte Grundlage für die Gewichtungsmatrix im Störterm $\mathbf{W_2}$ sein. Hiermit wird unterstellt, dass Nachbarschaft alleine die räumlichen Effekte nicht erklären kann. Auch eine einfachere Modellierung, in der $\mathbf{W_1}$ die Nachbarschaftsbeziehungen erster Ordnung und $\mathbf{W_2}$ die Nachbarschaftsbeziehungen höherer Ordnung abbildet, ist denkbar.[100]

Von diesem allgemeinen Modell können durch das Setzen von Restriktionen verschiedene räumliche Modelle abgeleitet werden. So erhält man durch die Restriktionen $\mathbf{X} = 0$ und $\mathbf{W_2} = 0$ ein räumliches autoregressives Modell erster Ordnung, das im folgenden Kapitel beschrieben wird.

3.2.2 Räumliches AutoRegressives Modell erster Ordnung (RAR-Modell)

Dieses Modell wird in der empirischen Praxis häufig genutzt, um die Residuen auf räumliche Autokorrelation zu untersuchen. Das räumliche autoregressive Modell erster Ordnung (First-Order Spatial Autoregressive Model) hat die Form:[101]

$$\mathbf{y}^* = \rho \mathbf{W} \mathbf{y}^* + \varepsilon \qquad 3\text{-}12$$

mit

[99] Vgl. Schulze, 1998, S. 59.
[100] Vgl. LeSage, 1999, S. 88.
[101] Vgl. Anselin, 1988a, S. 33.

$$\varepsilon \sim NV\left(0, \sigma^2 \mathbf{I}_n\right) \qquad 3\text{-}13$$

Die räumliche (N x N)-Gewichtungsmatrix **W** und der (N x 1)-Vektor $\mathbf{y}^*$ sind die erklärenden Größen in diesem Modell. Die Variable $\mathbf{y}^*$ beinhaltet zentrierte Werte, damit wird das Absolutglied aus dem Modell eliminiert und es gilt $y_i^* = y_i - \bar{y}$. Die Variation von $\mathbf{y}^*$ wird in diesem Modell als eine Linearkombination zu der Ausprägung von $\mathbf{y}^*$ in benachbarten Regionen ohne weitere erklärende Variablen betrachtet. Dies entspricht dem räumlichen Pendant zum autoregressiven Modell erster Ordnung (AR(1)-Prozess) in der Zeitreihenanalyse $y_t = \rho y_{t-1} + \varepsilon_t$, in dem die Variation von y durch die eigenen Vergangenheitswerte erklärt wird.[102]

3.2.3 Gemischtes AutoRegressiv-Regressives Modell (GARR-Modell)

In diesem Modell wird das RAR-Modell um weitere erklärende Variablen erweitert. Es handelt sich somit um ein übliches Regressionsmodell mit einem räumlich autoregressiven Parameter (Mixed Autoregressive-Regressive Model). Das GARR-Modell hat damit die Form:[103]

$$\mathbf{y} = \rho \mathbf{W} \mathbf{y} + \boldsymbol{\beta} \mathbf{X} + \varepsilon \qquad 3\text{-}14$$

mit

$$\varepsilon \sim NV\left(0, \sigma^2 \mathbf{I}_n\right) \qquad 3\text{-}15$$

Die abhängige Variable **y** wird durch den räumlich autoregressiven Teil $\rho\mathbf{Wy}$ und weitere Regressoren erklärt, die in der (N x K)-Matrix **X** enthalten sind. **W** ist die räumliche Gewichtungsmatrix und ρ der autoregressive Parameter, der den Einfluss der räumlich gelagten abhängigen Variablen (**Wy**) bestimmt. Die Parameter **β** geben den Einfluss der erklärenden Variablen **X** auf die abhängige

[102] Vgl. Kirchgässner/Wolters, 2006, S. 25.
[103] Vgl. Anselin, 1988a, S. 35.

Variable wieder. Anhand eines Lagrange Multiplier-Tests (LM-Test)[104] kann überprüft werden, ob in den Residuen des GARR-Modells räumliche Autokorrelation vorliegt. Ist dies der Fall, so ist es um räumliche Autokorrelation in den Residuen zu erweitern, womit das AR-Modell Anwendung findet (siehe Kapitel 3.2.1).

3.2.4 Räumliches AutoKorrelationsmodell (RAK-Modell)

Beim räumlichen Autokorrelationsmodell (Spatial Autoregressive Error Model) werden die räumlichen Abhängigkeiten ausschließlich in den Residuen abgebildet:[105]

$$\mathbf{y} = \boldsymbol{\beta}\mathbf{X} + \mathbf{u} \tag{3-16}$$

mit

$$\mathbf{u} = \lambda\mathbf{W}\mathbf{u} + \varepsilon \tag{3-17}$$

und

$$\varepsilon \sim NV\left(0, \sigma^2 \mathbf{I}_n\right) \tag{3-18}$$

Der (N x 1)-Vektor **y** enthält die abhängige Variable und **X** repräsentiert eine (N x K)-Datenmatrix mit den K erklärenden Variablen. **W** ist die räumliche Gewichtungsmatrix in der stochastischen Restgröße und der Parameter λ ist der Autokorrelationskoeffizient für die räumlich gelagten Restwerte. Die Schätzparameter $\boldsymbol{\beta}$ repräsentieren den Einfluss der erklärenden Variablen auf Variationen im Regressanden **y**.

[104] Siehe Kapitel 3.3.2.4, S. 54.

[105] Vgl. Anselin, 1988a, S. 100.

3.2.5 Räumliches Durbin Modell (RD-Modell)

Das räumliche Durbin-Modell (Spatial Durbin Model) wird analog zu Durbins Vorschlag für die Zeitreihenmodellierung benannt.[106]

$$\mathbf{y} = \rho\mathbf{W}\mathbf{y} + \boldsymbol{\beta}\mathbf{X} - \boldsymbol{\beta}\rho\mathbf{W}\mathbf{X} + \varepsilon \qquad \text{3-19}$$

mit

$$\varepsilon \sim NV\left(0, \sigma^2\mathbf{I}_n\right) \qquad \text{3-20}$$

In diesem Modell sind zusätzlich zur abhängigen Variable auch die Regressoren räumlich gelagt. Die Restwerte folgen auch in diesem Modell einer Normalverteilung. Auffällig ist, dass das Modell insofern restringiert ist, als sowohl für die ‚normal' aufgenommenen als auch für die räumlich gelagten Regressoren die gleichen Parameter ($\boldsymbol{\beta}$) geschätzt werden. Auch der räumliche Gewichtungsparameter ρ ist in beiden Fällen konstant. Eine Verallgemeinerung von Modell 3-19 lässt die Schätzung verschiedener Parameter zu:[107]

$$\mathbf{y} = \rho\mathbf{W}\mathbf{y} + \boldsymbol{\beta}_1\mathbf{X} - \boldsymbol{\beta}_2\mathbf{W}\mathbf{X} + \varepsilon \qquad \text{3-21}$$

In Modell 3-21 ist die Restriktion, dass $\boldsymbol{\beta}_2 = -\rho\boldsymbol{\beta}_1$, im Vergleich zu Modell 3-19 also aufgehoben. Problematisch ist jedoch, dass durch die zusätzliche Aufnahme der gelagten Regressoren mit dem Auftreten von Multikollinearität zu rechnen ist.[108]

3.2.6 Zusammenfassung der räumlichen Querschnittsmodelle

Im Querschnittsmodell sind somit verschiedene Möglichkeiten der Modellierung räumlicher Effekte denkbar. Zu beachten ist, dass der Koeffizient der endogenen räumlichen Lag-Variable ρ auch als räumlich autoregressiver Koeffizient be-

---

[106] Vgl. Anselin, 1988a, S. 111.
[107] Vgl. LeSage, 1999, S. 82.
[108] Vgl. Anselin, 1988c, S. 3.

zeichnet wird. Er steht damit für die räumlich verschobenen Einflüsse der abhängigen Variable auf sich selbst. Der Koeffizient für die räumlichen Korrelationen im Fehlerterm λ wird dagegen, analog zur zeitlichen Autokorrelation, räumlicher Autokorrelationskoeffizient genannt.[109]

Tabelle 1 gibt einen Überblick über die im Rahmen dieser Arbeit erläuterten Modelle. Es wird deutlich, dass aufgrund der verschiedenen Varianten, wie räumliche Effekte aufgenommen werden können, völlig unterschiedliche Modelle möglich sind. Um ein Modell zu finden, das die Realität möglichst gut abbildet, spielt nach der Spezifikation der Gewichtungsmatrix die Modellauswahl anhand geeigneter Testverfahren eine große Rolle. Diese Testverfahren werden in den folgenden Kapiteln erläutert.

Name	**Abkürzung**	**Modell**
Allgemeines Räumliches Regressionsmodell	AR-Modell	$\mathbf{y} = \rho \mathbf{W}_1 \mathbf{y} + \boldsymbol{\beta} \mathbf{X} + \mathbf{u}$ $\mathbf{u} = \lambda \mathbf{W}_2 \mathbf{u} + \varepsilon$
Räumlich AutoRegressives Modell erster Ordnung	RAR-Modell	$\mathbf{y} = \rho \mathbf{W} \mathbf{y} + \varepsilon$
Gemischtes AutoRegressiv-Regressives Modell	GARR-Modell	$\mathbf{y} = \rho \mathbf{W} \mathbf{y} + \boldsymbol{\beta} \mathbf{X} + \varepsilon$
Räumliches AutoKorrelations-modell	RAK-Modell	$\mathbf{y} = \boldsymbol{\beta} \mathbf{X} + \mathbf{u}$ $\mathbf{u} = \lambda \mathbf{W} \mathbf{u} + \varepsilon$
Räumliches Durbin-Modell	RD-Modell	$\mathbf{y} = \rho \mathbf{W} \mathbf{y} + \boldsymbol{\beta} \mathbf{X} - \boldsymbol{\beta} \rho \mathbf{W} \mathbf{X} + \varepsilon$ *bzw.* $\mathbf{y} = \rho \mathbf{W} \mathbf{y} + \boldsymbol{\beta}_1 \mathbf{X} - \boldsymbol{\beta}_2 \mathbf{W} \mathbf{X} + \varepsilon$

Tabelle 1: Überblick über räumliche Regressions-Querschnittsmodelle

3.3 Diagnose räumlicher Effekte in Querschnittsmodellen

3.3.1 Moran-Koeffizient

Der Moran-Koeffizient I gibt einen formalen Hinweis auf das Ausmaß des linearen Zusammenhangs zwischen den Regionen und ihren Nachbarregionen. Dazu

---

[109] Vgl. Keller/Shiue, 2007, S. 319.

werden die Residuen einer KQ-Schätzung anhand einer vorgegebenen Gewichtungsmatrix auf räumliche Effekte überprüft. Der Moran-Koeffizient prüft also auf räumliche Autokorrelation in den Restwerten.[110] Verglichen mit dem Erwartungswert von I weist ein höherer Wert von I auf positive räumliche Autokorrelation hin (räumliche Ballung) und ein kleinerer Wert auf negative räumliche Autokorrelation (räumliche Verschiedenheit). Häufig liegt eine positive räumliche Autokorrelation vor, also der Fall, dass die Residuen in den Nachbarregionen das gleiche Vorzeichen aufweisen. Für die Berechnung von Moran's I ist die Gewichtungsmatrix von besonderer Bedeutung, da sie die speziellen räumlichen Verflechtungen der zu untersuchenden Regionen repräsentiert. Eine nicht adäquate Gewichtungsmatrix kann demnach zu einer falschen Entscheidung bei der Überprüfung anhand des Moran-Koeffizienten führen. Außerdem ist zu beachten, dass die Macht dieses Tests für sparsam modellierte Gewichtungsmatrizen im Allgemeinen höher ist.[111]

Getestet wird die Nullhypothese, dass keine räumliche Autokorrelation vorliegt. Problematisch ist dagegen die Formulierung einer Alternativhypothese. Die räumliche Gewichtungsmatrix wird hier verwendet, um das Muster der potentiellen räumlichen Interaktionen darzustellen, aber die Struktur des zugrundeliegenden stochastischen Prozesses wird nicht spezifiziert. Daher lässt sich die Alternativhypothese nicht exakt formulieren.[112] Je nachdem, ob die Gewichtungsmatrix standardisiert ist oder nicht, nimmt die Teststatistik verschiedene Formen an.[113]

W nicht standardisiert:

$$I = \left(\frac{N}{S}\right) \cdot \frac{[\mathbf{e'We}]}{\mathbf{e'e}} \qquad 3\text{-}22$$

W standardisiert:

---

[110] Vgl. Anselin/Florax, 1995, S. 25.
[111] Vgl. Florax/de Graaff, 2004, S. 53.
[112] Vgl. Anselin, 1988a, S. 102.
[113] Vgl. Anselin, 1988a, S. 101-102.

$$I = \frac{\mathbf{e}'\mathbf{W}\mathbf{e}}{\mathbf{e}'\mathbf{e}} \qquad 3\text{-}23$$

Die Residuen der KQ-Schätzung sind hier durch **e** dargestellt, **W** ist die exogen vorzugebende räumliche Gewichtungsmatrix. Cliff und Ord haben gezeigt, dass Moran's I, basierend auf den Residuen der KQ-Schätzung, asymptotisch normalverteilt ist.[114] Die resultierende Prüfgröße ist:[115]

$$Z_I = \frac{[I - E(I)]}{\sqrt{Var(I)}} \sim NV(0, \sigma^2) \qquad 3\text{-}24$$

mit[116]

$$E(I) = \left(\frac{N}{S}\right) \cdot \frac{Spur(\mathbf{MW})}{(N-K)} \qquad 3\text{-}25$$

und

$$Var(I) = \left(\frac{N}{S}\right)^2 \cdot \frac{Spur(\mathbf{MWMW}') + Spur(\mathbf{MW})^2 + (Spur(\mathbf{MW}))^2}{(N-K)\cdot(N-K+2) - E(I)^2} \qquad 3\text{-}26$$

wenn die räumliche Gewichtungsmatrix **W** nicht standardisiert ist und unter der Nullhypothese, dass keine räumliche Autokorrelation vorliegt. Ist **W** standardisiert, vereinfacht sich die Berechnung des Erwartungswertes und der Varianz von I wie folgt:

$$E(I) = \frac{Spur(\mathbf{MW})}{(N-K)} \qquad 3\text{-}27$$

---

[114] Vgl. Cliff/Ord, 1981, S. 51.
[115] Vgl. Anselin, 1988a, S. 102.
[116] Die Spur einer quadratischen Matrix ist die Summe ihrer Diagonalelemente.

$$\mathrm{Var}(I) = \frac{\mathrm{Spur}(\mathbf{MWMW'}) + \mathrm{Spur}(\mathbf{MW})^2 + (\mathrm{Spur}(\mathbf{MW}))^2}{(N-K)\cdot(N-K+2) - E(I)^2} \qquad 3\text{-}28$$

N ist die Zahl der Beobachtungen, K die Zahl der Regressoren, S die Summe aller Elemente in der räumlichen Gewichtungsmatrix **W** (für den Fall einer standardisierten Gewichtungsmatrix gilt S = N) und $\mathbf{M} = \mathbf{I} - \mathbf{X}(\mathbf{X'X})^{-1}\mathbf{X'}$. Damit hängen Erwartungswert und Varianz des Moran-Koeffizienten von der Matrix der unabhängigen Variablen **X** ab.

Problematisch an Moran's I ist, dass der Koeffizient lediglich auf räumliche Korrelation hinweist, aber keine spezifische Alternativhypothese bereitstellt. Die Art der räumlichen Beziehung lässt sich mit diesem Test nicht überprüfen. In den folgenden Kapiteln werden daher asymptotische Testverfahren vorgestellt, die auf der ML-Schätzung eines RAK-Modells basieren und gezieltere Aussagen bezüglich der autoregressiven Struktur treffen.[117]

3.3.2 Tests auf Basis von Maximum-Likelihood-Schätzungen

Allgemein vergleichen alle ML-Tests ein restringiertes Modell mit einem unrestringierten Modell. Im Fall der räumlichen Ökonometrie ist die Restriktion stets das Nicht-Vorhandensein eines räumlich korrelierten Parameters, der also gegen Null getestet wird. Ist dieser Parameter Null, so kann die Nullhypothese nicht abgelehnt werden, und es ist davon auszugehen, dass keine räumliche Autokorrelation vorliegt. Wird die Nullhypothese abgelehnt, so ist ein Modell zu wählen, das die räumlichen Verflechtungen berücksichtigt, um adäquate Schätzergebnisse zu erhalten. Alle drei Tests sind unter der Nullhypothese asymptotisch äquivalent, können sich bei kleinen Stichprobenumfängen jedoch sehr unterschiedlich verhalten, so dass sich widersprechende Testergebnisse auftreten können.[118]

---

[117] Vgl. Florax/de Graaff, 2004, S. 37.
[118] Vgl. Greene, 2008, S. 498.

3.3.2.1 Likelihood-Ratio-Test

Der Likelihood-Ratio-Test (LR-Test) basiert auf der Differenz zwischen den logarithmierten Likelihood-Funktionen des RAK-Modells und der KQ-Schätzung. Die daraus resultierende Prüfgröße ist χ^2-verteilt mit einem Freiheitsgrad. Formal wird folgende Null- bzw. Alternativhypothese geprüft:[119]

$$\begin{aligned} H_0 &: \lambda = 0 \\ H_1 &: \lambda \neq 0 \end{aligned} \qquad \text{3-29}$$

Das zur Nullhypothese passende Modell (KQ-Modell) enthält demnach keine räumliche Autokorrelation in den Restwerten, wogegen bei Gültigkeit der Alternativhypothese von räumlicher Autokorrelation in den Restwerten auszugehen ist (RAK-Modell, siehe Kapitel 3.2.4).

Die Prüfgröße ist:[120]

$$LR = N \cdot [\ln(\hat{\sigma}_0^2) - \ln(\hat{\sigma}_1^2)] + 2 \cdot \ln|\mathbf{I} - \lambda \mathbf{W}| \sim \chi_1^2 \qquad \text{3-30}$$

Dabei ist $\hat{\sigma}_0^2$ die geschätzte Varianz der Restwerte für das Modell in der Nullhypothese, also ohne räumliche Autokorrelation in den Restwerten (KQ-Modell). Dementsprechend ist $\hat{\sigma}_1^2$ die geschätzte Varianz der Restwerte für das laut Alternativhypothese gültige Modell mit räumlicher Autokorrelation in den Residuen. Bei Ablehnung der Nullhypothese ist also ein RAK-Modell der KQ-Schätzung ohne räumliche Effekte vorzuziehen.

3.3.2.2 Wald-Test

Der Wald-Test prüft ebenfalls auf räumliche Autokorrelation in den Residuen und ist χ^2-verteilt mit einem Freiheitsgrad. Es werden die gleichen Hypothesen

---

[119] Vgl. Anselin, 1988a, S. 103-104.
[120] Vgl. Anselin, 1988a, S. 104.

wie bereits beim LR-Test im vorigen Kapitel überprüft. Die Teststatistik lautet:[121]

$$\text{Wald} = \lambda^2 \cdot \left[t_2 + t_3 - \left(\frac{1}{N}\right) \cdot \left(t_1^2\right) \right] \sim \chi_1^2 \qquad \text{3-31}$$

mit

$$\begin{aligned} t_1 &= \text{Spur}\left(\mathbf{W} \cdot [\mathbf{I}_N - \lambda \mathbf{W}]^{-1}\right) \\ t_2 &= \text{Spur}\left(\mathbf{W} \cdot [\mathbf{I}_N - \lambda \mathbf{W}]^{-1}\right)^2 \\ t_3 &= \text{Spur}\left(\mathbf{W} \cdot [\mathbf{I}_N - \lambda \mathbf{W}]^{-1}\right)\left(\mathbf{W} \cdot [\mathbf{I}_N - \lambda \mathbf{W}]^{-1}\right) \end{aligned} \qquad \text{3-32}$$

Der Koeffizient λ wird in der ML-Schätzung des RAK-Modells berechnet, und der Ausdruck $\mathbf{I}_N$ steht für eine Einheitsmatrix der Dimension N. Da die Hypothesenprüfung analog zum LR-Test erfolgt, gilt auch für diesen Test, dass bei Ablehnung der Nullhypothese ein Modell zu schätzen ist, das räumliche Korrelationen berücksichtigt. Eine Schätzung des restringierten KQ-Modells ist für diesen Test also nicht notwendig.

3.3.2.3 Lagrange-Multiplier-Test

Der LM-Test basiert auf den Residuen der KQ-Schätzung und Berechnungen, die die räumliche Gewichtungsmatrix berücksichtigen. Es wird also das restringierte Modell überprüft.[122] Der Test ist ebenfalls χ^2-verteilt mit einem Freiheitsgrad:[123]

$$\text{LM} = \left(\frac{1}{\text{Spur}[(\mathbf{W} + \mathbf{W}') \cdot \mathbf{W}]}\right)\left(\frac{\mathbf{e}'\mathbf{W}\mathbf{e}}{\sigma^2}\right)^2 \sim \chi_1^2 \qquad \text{3-33}$$

---

[121] Vgl. Anselin, 1988a, S. 104.
[122] Vgl. Greene, 2008, S. 503.
[123] Vgl. Anselin, 1988a, S. 104.

Auch der LM-Test prüft die gleichen Hypothesen wie der LR-Test. Eine Ablehnung der Nullhypothese weist demnach auf das Vorliegen räumlicher Autokorrelation in den Residuen hin und es ist ein Modell zu schätzen, in dem räumliche Abhängigkeiten berücksichtigt werden. Vor Durchführung dieses Tests sollte die Voraussetzung normalverteilter Residuen überprüft werden.[124]

3.3.2.4 LM-Test auf Entscheidung zwischen GARR- und AR-Modell

Dieser Test (LM_{SERR}-Test) basiert auf den Residuen eines GARR-Modells. Es wird überprüft, ob die Einbeziehung der räumlich autoregressiven endogenen Lag-Variable die räumlichen Korrelationen in den Residuen beseitigt. Der Test setzt somit das Vorhandensein einer räumlichen Lag-Variable im zu überprüfenden Modell voraus ($\rho \neq 0$) und prüft, ob λ im AR-Modell (siehe S. 43) signifikant von Null verschieden ist. Die Prüfgröße für die Nullhypothese (H_0: $\lambda = 0$) ist χ^2-verteilt mit einem Freiheitsgrad:[125]

$$LM_{SERR} = \left(\frac{\varepsilon' \mathbf{W} \varepsilon}{\sigma^2}\right) \cdot [T_{22} - (T_{21})^2 \cdot \mathrm{Var}(\rho)]^{-1} \sim \chi_1^2 \qquad 3\text{-}34$$

mit

$$\begin{aligned} T_{21} &= \mathrm{Spur}\left(\mathbf{W_2 W_1 A}^{-1} + \mathbf{W_2' W_1 A}^{-1}\right) \\ T_{22} &= \mathrm{Spur}(\mathbf{W_2 W_2} + \mathbf{W_2' W_2}) \\ \mathbf{A} &= (\mathbf{I}_N - \rho \mathbf{W_1}) \end{aligned} \qquad 3\text{-}35$$

$\mathbf{W}_1$ und $\mathbf{W}_2$ bezeichnen dabei die Gewichtungsmatrizen des AR-Modells, und ρ ist der autoregressive Parameter des GARR-Modells. Wird die Nullhypothese, dass $\lambda = 0$ ist, abgelehnt, so liegt räumliche Korrelation in den Restwerten vor, und es ist ein AR-Modell zu schätzen.

---

[124] Vgl. Schulze, 1998, S. 59-60. Für eine Erläuterung des zugehörigen Testverfahrens siehe S. 60.

[125] Vgl. Anselin, 1988a, S. 106.

3.3.3 Heteroskedastie-robuster Test auf räumliche Autokorrelation

In der empirischen Anwendung raumstruktureller Analysen ist wegen häufig vorkommender variierender Varianzen infolge der unterschiedlichen Strukturen der Regionen davon auszugehen, dass Heteroskedastie vorliegt. Um die Ergebnisse der Tests auf räumliche Korrelationen aufgrund dieser Annahmeverletzung nicht zu verzerren, wurde ein Heteroskedastie-robuster Test auf räumliche Korrelationen entwickelt (RAK_H-Test).[126] Der Test überprüft die Nullhypothese, dass keine räumlichen Korrelationen vorliegen,

$$H_0: \mathbf{y} = \boldsymbol{\beta}\mathbf{X} + \boldsymbol{\omega} \qquad 3\text{-}36$$

gegen die Alternativhypothese mit räumlichen Korrelationen

$$H_1: \ \mathbf{y} = \boldsymbol{\beta}\mathbf{X} + \lambda\mathbf{W}\mathbf{y} - \lambda\boldsymbol{\beta}\mathbf{W}\mathbf{X} + \boldsymbol{\omega} \qquad 3\text{-}37$$

wobei $\boldsymbol{\omega}$ ein unabhängiger aber heteroskedastischer Fehlerterm ist, für den für alle i gilt, dass $E[(\mu_i)^2] = \sigma_i^2$.[127] Geprüft wird über eine Hilfsregression

$$\boldsymbol{\iota} = \gamma \cdot \mathbf{U} \cdot \boldsymbol{\varphi} + \boldsymbol{\varepsilon} \qquad 3\text{-}38$$

mit einem Vektor aus Einsen $\boldsymbol{\iota}$, dem zu schätzenden Koeffizienten γ, der Diagonalmatrix **U**, die die Residuen der KQ-Schätzung aus Gleichung 3-36 enthält und den Residuen $\boldsymbol{\varphi}$ einer weiteren Hilfsregression von $[\mathbf{Q}(\mathbf{Q}'\mathbf{Q})^{-1}\mathbf{Q}'] \cdot (\mathbf{W}\mathbf{y} - \mathrm{b}\mathbf{W}\mathbf{X})$ auf $[\mathbf{Q}(\mathbf{Q}'\mathbf{Q})^{-1}\mathbf{Q}'] \cdot \mathbf{X}$. Dabei ist **Q** eine Matrix von Instrumentvariablen.

Die Prüfgröße[128]

$$RAK_H = N - SSE_{Hilfsregression} \sim \chi_1^2 \qquad 3\text{-}39$$

---

[126] Vgl. Anselin, 1988a, S. 112-113.
[127] Vgl. Anselin, 1988a, S. 113.
[128] Vgl. Anselin, 1988a, S. 114-115.

entspricht der Zahl der Regionen N minus der Summe der quadrierten Residuen (SSE) aus der Hilfsregression 3-38 und ist asymptotisch χ^2-verteilt mit einem Freiheitsgrad.

3.3.4 Zusammenfassung der Testverfahren auf räumliche Effekte

Der Moran-Koeffizient ist etwas unschärfer als die ML-Tests, da die Alternativhypothese nicht spezifiziert ist. Bei Ablehnung der Nullhypothese ist demnach nicht deutlich, was der Grund für das Vorliegen von räumlicher Autokorrelation in den Residuen ist.[129]

Der LR-, der Wald- und der LM-Test überprüfen zwar die gleichen Hypothesen, testen dabei aber jeweils andere Spezifikationen. Der LR-Test ist rein rechentechnisch der aufwendigste, da er die Varianzen der KQ-Schätzung und der Schätzung mit räumlichen Korrelationen miteinander vergleicht. Für den Wald-Test ist dagegen nur eine Schätzung notwendig. Für die Berechnung der Teststatistik wird der räumliche Autokorrelationskoeffizient einer RAK-Schätzung verwendet. Der LM-Test überprüft schließlich die Residuen des restringierten Modells, also einer KQ-Schätzung ohne die Berücksichtigung räumlicher Korrelationen. Um auch bei vorliegender Heteroskedastie zu zuverlässigen Testergebnissen bei der Überprüfung auf räumliche Korrelationen zu kommen, wird der RAK_H-Test durchgeführt, der robust gegen Heteroskedastie in den Residuen ist.

Der LM_{SERR}-Test dagegen überprüft, ob die Aufnahme einer räumlichen Lag-Variable die raumstrukturellen Korrelationen auffangen konnte oder ob zusätzlich noch räumliche Autokorrelation in den Residuen vorliegt. Dann wäre das RAR-Modell noch nicht richtig spezifiziert, und beispielsweise müsste ein AR-Modell geschätzt oder eine andere Gewichtungsmatrix geprüft werden.

Alle Tests beruhen auf der Bedingung, dass die Gewichtungsmatrix a priori exogen vorgegeben wird. Da die Prüfgrößen stets auch die Gewichtungsmatrix enthalten, kann die Verwendung verschiedener Gewichtungsmatrizen auch ver-

---

[129] Vgl. Florax/de Graaff, 2004, S. 30.

schiedene Testergebnisse in Bezug auf das Vorhandensein räumlicher Korrelationen hervorrufen. Die Entscheidung, welches Testergebnis nun zutreffend ist und welches nur scheinbar richtig ist, obliegt dem Analysten.[130]

In Tabelle 2 werden die Testverfahren, die auf Querschnittsmodelle angewendet werden können, überblicksartig dargestellt.

Test	**Abkürzung**	**Hypothesen**
Moran-Koeffizient	I	H_0 : keine räumlichen Effekte
Likelihood-Ratio-Test	LR-Test	$H_0: \lambda = 0$ (KQ) $H_1: \lambda \neq 0$ (RAK)
Wald-Test	Wald-Test	$H_0: \lambda = 0$ (KQ) $H_1: \lambda \neq 0$ (RAK)
Lagrange-Multiplier-Test	LM-Test	$H_0: \lambda = 0$ (KQ) $H_1: \lambda \neq 0$ (RAK)
LM-Test auf Entscheidung zwischen GARR- und AR-Modell	LM_{SERR}-Test	$H_0: \lambda = 0$ (GARR) $H_1: \lambda \neq 0$ (AR)
Heteroskedastie-robuster Test auf räumliche Autokorrelation	RAK_H-Test	H_0: $\mathbf{y} = \boldsymbol{\beta}\mathbf{X} + \boldsymbol{\mu}$ (KQ) H_1: $\mathbf{y} = \boldsymbol{\beta}\mathbf{X} + \lambda\mathbf{W}\mathbf{y} - \lambda\boldsymbol{\beta}\mathbf{W}\mathbf{X} + \boldsymbol{\mu}$ (RD)

Tabelle 2: Übersicht über Testverfahren auf räumliche Effekte in Querschnittsmodellen

3.4 Zweistufiger Test auf scheinbare räumliche Regression

Eine Problematik bei räumlichen Regressionsmodellen liegt darin, zwischen stationärer positiver Autokorrelation und Nicht-Stationarität bzw. scheinbarer Regression zu unterscheiden. Der zweistufige LM-Test auf positive Autokorrelation in den Residuen (LM_{SR}-Test) unterscheidet zwischen diesen beiden Fällen.

[130] Vgl. Anselin, 1988b, S. 287-288.

Ausgehend vom AR-Modell ist das Risiko von Spurious Regression sehr hoch, wenn der autoregressive Parameter ρ nahe bei eins liegt. In diesem Fall tendieren die Residuen einer KQ-Schätzung

$$\mathbf{y} = \boldsymbol{\beta}\mathbf{X} + \mathbf{e} \qquad \text{3-40}$$

dazu, in den in Kapitel 3.3 erläuterten Tests hohe räumliche Autokorrelation zu suggerieren.[131] Der implizit angenommene Fehlerterm ist dann:

$$\mathbf{e} = \rho_e \mathbf{W}\mathbf{e} + \boldsymbol{\varphi} \qquad \text{3-41}$$

wobei

$$\boldsymbol{\varphi} \sim NV\left(0, \sigma^2 \mathbf{I}\right) \qquad \text{3-42}$$

Der LM_{SR}-Test überprüft im ersten Schritt die Hypothesen

$$\begin{aligned} &H_0 : \rho_e = 0 \quad \text{(keine räumliche Autokorrelation)} \\ &H_1 : \rho_e > 0 \end{aligned} \qquad \text{3-43}$$

Die Prüfgröße[132]

$$LM_{SR} = \frac{\left(\frac{\mathbf{e'We}}{\boldsymbol{\sigma}^2}\right)^2}{\mathrm{Spur}(\mathbf{W}^2 + \mathbf{W'W})} \sim \chi_1^2 \qquad \text{3-44}$$

weist für hohe Werte (Ablehnung der Nullhypothese) entweder auf räumliche Nicht-Stationarität oder aber stationäre räumliche Autokorrelation hin. Der zweite Schritt des LM_{SR}-Tests dient dazu, zwischen diesen Möglichkeiten zu unterscheiden. Hierzu muss jedoch zunächst der räumliche Differenzenoperator

---

131 Vgl. Lauridsen/Kosfeld, 2006, S. 365.
132 Vgl. Kosfeld/Lauridsen, 2003, S. 11.

eingeführt werden: $\mathbf{\Delta} = \mathbf{I} - \mathbf{W}$. Auf Gleichung 3-41 für den Fall der Nicht-Stationarität, also $\rho_e = 1$, angewendet, ergibt sich:[133]

$$\mathbf{\Delta e} = \boldsymbol{\varphi} \qquad 3\text{-}45$$

Die Anwendung von 3-45 und des räumlichen Differenzenoperators auf die KQ-Gleichung 3-40 führt zu

$$\mathbf{\Delta y} = \mathbf{\Delta}\boldsymbol{\beta}\mathbf{X} + \boldsymbol{\varphi} \qquad 3\text{-}46$$

Wendet man die Prüfgröße 3-44 nun auf dieses räumlich differenzierte Modell an, wird sie als DLM_{SR} bezeichnet und die Nullhypothese, dass $\rho_e = 1$ (Nicht-Stationarität), wird geprüft. Die Durchführung des Tests basiert also auf der Berechnung der beiden Prüfgrößen LM_{SR} und DLM_{SR} und kann somit zu folgenden Ergebnissen führen:[134]

	$DLM_{SR} = 0$	**$DLM_{SR} > 0$**
$LM_{SR} = 0$	—	Keine räumliche Autokorrelation
$LM_{SR} > 0$	Räumliche Nicht-Stationarität (Spurious Regression)	Stationäre räumliche Autokorrelation

Tabelle 3: Entscheidungen des zweistufigen Tests auf scheinbare Regression

Dieser Test kann in der gleichen Art auch auf einzelne Variablen angewendet werden, um zu überprüfen, ob diese räumlich stationär sind. Dazu wird eine Regression der betrachteten Variable **z** auf eine Konstante **m** durchgeführt:

$$\mathbf{z} = \alpha\mathbf{m} + \mathbf{e} \qquad 3\text{-}47$$

Die Anwendung des räumlichen Differenzenoperators führt in diesem Fall zu:[135]

[133] Vgl. Lauridsen/Kosfeld, 2006, S. 366.
[134] Vgl. Lauridsen/Kosfeld, 2006, S. 366.
[135] Vgl. Kosfeld/Lauridsen, 2003, S. 12.

$$\Delta \mathbf{z} = \alpha \Delta \mathbf{m} + \mathbf{e} \qquad 3\text{-}48$$

Nach Berechnung der Prüfgrößen LM_{SR} und DLM_{SR} können analog zur Darstellung in Tabelle 3 folgende Schlussfolgerungen gezogen werden:

	$DLM_{SR} = 0$	**$DLM_{SR} > 0$**
$LM_{SR} = 0$	—	Keine räumliche Autokorrelation
$LM_{SR} > 0$	Räumliche Nicht-Stationarität	Variable besitzt ein autoregressives Schema

Tabelle 4: Entscheidungen des zweistufigen Tests auf räumliche Stationarität einer Variablen

3.5 Schätzmethode, Modellannahmen und Überprüfung

Die Schätzung von Modellen mit räumlich abhängigen Lag-Variablen mit der KQ-Methode führt zu verzerrten und inkonsistenten Ergebnissen. Auch Modelle mit räumlichen Abhängigkeiten im Residualterm führen mit der KQ-Schätzung zu inkonsistenten Ergebnissen.[136] Da die KQ-Methode demnach für Modelle mit räumlichen Korrelationen ungeeignet ist, haben sich ML-Ansätze als besonders vorteilhaft erwiesen, anhand derer die Modelle konsistent und asymptotisch effizient geschätzt werden können.[137]

Die ML-Schätzung setzt zusätzlich zu den Annahmen des klassischen Regressionsmodells[138] noch eine Annahme über die Verteilung der Residuen voraus. In den meisten Fällen werden normalverteilte Störgrößen angenommen ($\varepsilon_i \sim NID[0, \sigma^2]$).[139] Überprüft wird diese Annahme durch einen Jarque-Bera-Test, dessen Prüfgröße χ^2-verteilt ist mit zwei Freiheitsgraden:[140]

136 Vgl. Anselin, 1988a, S. 58-59.

137 Weitere Schätzverfahren für räumliche Regressionsmodelle sind z.B. die Instrumentvariablenmethode und der Ansatz von Bayes, vgl. Anselin, 1988a, S. 81-90.

138 Die Fehlerterme haben einen Erwartungswert von Null, sind homoskedastisch und nicht mit sich selbst oder den erklärenden Variablen korreliert. Vgl. Verbeek, 2008, S. 16.

139 Vgl. Verbeek, 2008, S. 174.

140 Für eine Darstellung des Jarque-Bera-Tests siehe z.B. Hill/Griffiths/Lim, 2008, S. 89-90.

$$JB = \frac{N}{6}\left(\hat{\alpha}_3^2 + \frac{\hat{\alpha}_4^2}{4}\right) \sim \chi_2^2 \qquad 3\text{-}49$$

N ist die Zahl der Regionen, $\hat{\alpha}_3$ und $\hat{\alpha}_4$ das dritte und vierte Moment der Verteilung der Residuen. Demnach führen große Werte für das dritte Moment zu großen Werten der Jarque-Bera-Statistik. Die Nullhypothese, dass Normalverteilung vorliegt, wird in diesem Fall abgelehnt und die ML-Tests können nicht sinnvoll angewendet werden.[141]

Zusätzlich sind die Residuen auf Homoskedastie zu prüfen. Da bei Vorliegen von räumlichen Korrelationen die Verteilungseigenschaften der üblichen Tests auf Homoskedastie nicht mehr gültig sind, wird der für räumliche Daten korrigierte Breusch-Pagan-Test verwendet. Die Prüfgröße lautet:[142]

$$BP_{RAK} = \left(\frac{\varepsilon'\mathbf{Wy}}{\sigma^2}\right)^2 \cdot (D+T)^{-1} \qquad 3\text{-}50$$

mit

$$\begin{aligned} D &= \sigma^2 \cdot (\boldsymbol{\beta}\mathbf{WX})' \cdot \left(\mathbf{I} - \mathbf{X}\cdot[\mathbf{X}'\mathbf{X}]^{-1}\cdot\mathbf{X}'\right)\cdot(\boldsymbol{\beta}\mathbf{WX}) \\ T &= \mathrm{Spur}\{(\mathbf{W}'+\mathbf{W})\cdot\mathbf{W}\} \end{aligned} \qquad 3\text{-}51$$

Kann die Nullhypothese nicht verworfen werden, so ist von homoskedastischen Residuen auszugehen. Andernfalls liegt Heteroskedastie vor, und die Spezifikationstests verlieren ihre Gültigkeit.

3.6 Spezifikation von räumlichen Effekten in Panelmodellen

Auch in Panelanalysen können räumliche Korrelationen berücksichtigt werden. Dabei können die raumstrukturellen Effekte grundsätzlich auf zwei Arten modelliert werden. In Form einer räumlich gelagten endogenen Variable (Spatial

---

[141] Vgl. Schulze, 1998, S. 59-60.
[142] Vgl. Anselin, 1988c, S. 9.

Lag) wird die abhängige Variable mit der Gewichtungsmatrix multipliziert und stellt somit einen Durchschnittswert der abhängigen Variablen in den angrenzenden Regionen dar. Die andere Möglichkeit ist die Modellierung der räumlichen Abhängigkeiten in der latenten Variablen (Spatial Error). Diese Möglichkeiten werden nun für die üblichen Panelmodelle Classical Pooling (CP) sowie Modelle mit fixen oder zufälligen Effekten (Fixed Effects (FE) oder Random Effects (RE)) dargestellt. Die CP-Modelle unterstellen, dass weder Individual- noch Zeiteffekte vorliegen. Eine Überprüfung auf solche Effekte erfolgt mittels Varianzanalyse.[143] Für die FE-Modelle werden deterministische Zeit- bzw. Individualeffekte vorausgesetzt, wogegen diese Effekte in den RE-Modellen stochastischer Natur sind.[144] Eine weitere Variante ist die Schätzung räumlicher SUR-Modelle. Aufgrund der sehr kurzen Zeitperiode von fünf Jahren, die in dieser Analyse betrachtet wird, sind räumliche SUR-Modelle in diesem Zusammenhang jedoch nicht sinnvoll. Auf eine theoretische Darstellung wird daher in dieser Arbeit verzichtet.[145]

3.6.1 Classical Pooling Spatial Error-Modell (CPSE-Modell)

Das CPSE-Modell ist eine einfache Erweiterung des RAK-Ansatzes (siehe Kapitel 3.2.4) auf einen Paneldatensatz. Damit ergibt sich folgendes Modell:[146]

$$\mathbf{y} = \boldsymbol{\beta}\mathbf{X} + \mathbf{u} \qquad \text{3-52}$$

Der (NT x 1)-Vektor **y** ist die abhängige Variable, **β** ist ein (1 x K)-Vektor der Schätzkoeffizienten und **X** ist die (NT x K)-Matrix der erklärenden Variablen. Die Residuen werden durch den (NT x 1)-Vektor **u** repräsentiert. Die räumliche Autokorrelation wird zunächst für die Periode t im Fehlerterm dargestellt:

$$\mathbf{u}_t = \lambda \mathbf{W}_N \mathbf{u}_t + \boldsymbol{\varepsilon}_t \qquad \text{3-53}$$

---

[143] Vgl. Schulze/Prinz/Schweinberger, 2006, S. 232.

[144] Für eine Erläuterung von Zeit- und Individualeffekten in Panelmodellen vgl. z.B. Schulze/Prinz/Schweinberger, 2006, S. 223.

[145] Für eine ausführliche Darstellung räumlicher SUR-Modelle vgl. z.B. Anselin, 1988a, S. 141-148.

[146] Vgl. Anselin/Le Gallo/Jayet, 2008, S. 632.

Dabei ist λ der räumliche Autokorrelationskoeffizient, $\mathbf{W}_N$ die (N x N)-Gewichtungsmatrix und der (N x 1)-Vektor $\boldsymbol{\varepsilon}$ die latente Variable. Dieser Term lässt sich umformen zu:

$$\mathbf{u}_t = (\mathbf{I}_N - \lambda \mathbf{W}_N)^{-1} \cdot \boldsymbol{\varepsilon}_t \qquad 3\text{-}54$$

Da für die Gewichtungsmatrix zeitliche Konstanz angenommen wird, ergibt sich damit für $\mathbf{B}_N = \mathbf{I}_N - \lambda \mathbf{W}_N$ und die allgemeine Betrachtung über alle Zeitpunkte:

$$\mathbf{u} = \left(\mathbf{I}_T \otimes \mathbf{B}_N^{-1}\right) \cdot \boldsymbol{\varepsilon} \qquad 3\text{-}55$$

Das Ergebnis der Schätzung ist damit ein CP-Modell, in dessen Residuen räumlich autokorrelierte Störterme berücksichtigt werden. Die Aufnahme der räumlichen Korrelationen in Form einer endogenen Lag-Variablen wird im folgenden Kapitel erläutert.

3.6.2 Classical Pooling Spatial Lag-Modell (CPSL-Modell)

Das CPSL-Modell ist eine Erweiterung des GARR-Modells (siehe Kap. 3.2.3) auf einen Paneldatensatz:[147]

$$\mathbf{y} = \rho \cdot (\mathbf{I}_T \otimes \mathbf{W}_N) \cdot \mathbf{y} + \boldsymbol{\beta} \mathbf{X} + \boldsymbol{\varepsilon} \qquad 3\text{-}56$$

Die Indizes bezeichnen jeweils die Dimension der Matrizen. Die zeitlich stabile Gewichtungsmatrix ($\mathbf{W}_N$) ist als Kroneckerprodukt mit einer Einheitsmatrix der Dimension T ($\mathbf{I}_T$) in die Gleichung aufgenommen worden. Der räumlich autoregressive Parameter ρ ist annahmegemäß über die Zeit und über die Regionen konstant.

---

[147] Vgl. Anselin/Le Gallo/Jayet, 2008, S. 630.

Für die Schätzung ist problematisch, dass der raumstrukturelle Lag-Term endogen ist. Im Gegensatz zum Ansatz aus der Zeitreihenanalyse ist der Zusammenhang hier bidirektional, wenn Region i Nachbar von Region j ist, so gilt das auch umgekehrt. In der Zeitreihenanalyse folgt dagegen der Zeitpunkt t auf den Zeitpunkt (t-1). Durch Umformung des CPSL-Modells in die reduzierte Form kommt man zu:[148]

$$\mathbf{y} = [\mathbf{I}_T \otimes (\mathbf{I}_N - \rho \mathbf{W}_N)^{-1}] \cdot \boldsymbol{\beta}\mathbf{X} + [\mathbf{I}_T \otimes (\mathbf{I}_N - \rho \mathbf{W}_N)^{-1}] \cdot \boldsymbol{\varepsilon} \qquad \text{3-57}$$

Für jede der N Querschnittsdimensionen ergibt sich damit zum Zeitpunkt t:

$$y_t = \boldsymbol{\beta}\mathbf{X}_t + \rho \mathbf{W}_N \boldsymbol{\beta}\mathbf{X}_t + \rho^2 \mathbf{W}_N^2 \boldsymbol{\beta}\mathbf{X}_t + \ldots + \varepsilon_t + \rho \mathbf{W}_N \varepsilon_t + \rho^2 \mathbf{W}_N^2 \varepsilon_t \ldots \qquad \text{3-58}$$

In diesem Modell ist die Ausprägung der Variablen y also nicht nur von den Ausprägungen der erklärenden Variablen zum gleichen Zeitpunkt in der gleichen Region abhängig, sondern auch von den kontemporären Ausprägungen der erklärenden Variablen in den Nachbarregionen. Zudem sind die unbeobachteten Effekte, die in den Residuen ε aufgefangen werden, nicht nur für die Region i relevant, sondern auch für deren Nachbarregionen. Diese Wirkung wird auch räumlicher Multiplikator-Effekt (Spatial Multiplier Effect) genannt.[149] Die reduzierte Form zeigt zudem, dass die räumlich gelagten endogenen Variablen $\mathbf{W}_N \mathbf{y}_t$ im Querschnitt wechselseitig von den Residuen $\boldsymbol{\varepsilon}_t$ abhängig sind. Eine Schätzung dieses Modells kann mittels Instrumentenmethode (IV und GMM-Schätzung) oder durch die Spezifikation eines Verteilungsmodells (ML-Schätzung) erfolgen.[150]

---

[148] Vgl. Anselin/Le Gallo/Jayet, 2008, S. 631.
[149] Vgl. Anselin, 2003, S. 159.
[150] Vgl. Anselin/Le Gallo/Jayet, 2008, S. 631.

3.6.3 Fixed Effects Spatial Error- und Spatial Lag-Modell (FESE- und FESL-Modell)

Das FESE-Modell entspricht dem üblichen FE-Modell mit einem räumlich autokorrelierten Fehlerterm.[151] Das Modell wird damit wie folgt spezifiziert:

$$\mathbf{y} = \boldsymbol{\mu} + \boldsymbol{\beta}\mathbf{X} + \mathbf{u} \quad 3\text{-}59$$

mit

$$\mathbf{u} = \lambda\mathbf{W}\mathbf{u} + \boldsymbol{\varepsilon} \quad 3\text{-}60$$

Die fixen Effekte decken die Heterogenität in den Untersuchungseinheiten ab und werden im Absolutglied $\boldsymbol{\mu}$, einem (NT x 1)-Vektor, erfasst. In der latenten Variable $\mathbf{u}$ sind die räumlichen Effekte abgebildet.

Wird das FE-Modell um die räumlich gelagte abhängige Variable ergänzt, spricht man vom FESL-Modell:[152]

$$\mathbf{y} = \boldsymbol{\mu} + \rho\mathbf{W}\mathbf{y} + \boldsymbol{\beta}\mathbf{X} + \boldsymbol{\varepsilon} \quad 3\text{-}61$$

$\mathbf{W}$ ist in beiden Fällen die Gewichtungsmatrix, in der die raumstrukturellen Abhängigkeiten zwischen den einzelnen Regionen dargestellt sind. Für die latente Variable $\boldsymbol{\varepsilon}$ wird sowohl für das FESE-Modell als auch für das FESL-Modell ein Mittelwert von Null, konstante Varianz und Unabhängigkeit zwischen den Ausprägungen für verschiedene Regionen und Zeitpunkte angenommen.[153]

Die Schätzung dieser Modelle anhand der Darstellung nach Elhorst ist jedoch problematisch. Er schlägt vor, eine Panelschätzung anhand der Bildung von

---

[151] Vgl. Elhorst, 2003, S. 249. Für eine ausführliche Darstellung von FE-Modellen siehe z.B. Hsiao, 2003, S. 30-33.
[152] Vgl. Elhorst, 2003, S. 249.
[153] Vgl. Greene, 2008, S. 218.

Durchschnitten mit der ML-Methode durchzuführen,[154] wobei er jedoch von einer Varianz-Kovarianz-Matrix des Fehlerterms ausgeht, die genau diese Durchschnittsbildung nicht berücksichtigt.[155] Bei korrekter Berücksichtigung kann die Likelihood-Funktion in raumstrukturellen Analysen nicht hergeleitet werden und eine Schätzung anhand der üblichen Methoden ist nicht möglich. Hier besteht weiterhin Forschungsbedarf, um Methoden für die Schätzung räumlicher FE-Modelle bereitzustellen.[156] Zur Berücksichtigung von raumstrukturellen Effekten in Panelmodellen bleiben beim aktuellen Stand der Forschung nur die CP- und die RE-Modelle. Für die in Kapitel 4 folgende Analyse sind die RE-Modelle allerdings ohnehin den FE-Modellen vorzuziehen, da die geschätzten Koeffizienten des FE-Modells für große N und kleine T, was für den in der Analyse verwendeten Datensatz ebenfalls zutrifft, aufgrund der großen Zahl der zu schätzenden Parameter unzuverlässig sind.[157]

3.6.4 Random Effects Spatial Error-Modell (RESE-Modell)

Wird die Heterogenität der Regionen, die in FE-Modellen im Absolutglied bzw. durch Dummy-Variablen dargestellt wird, als Zufallsvariable behandelt, so spricht man von einem RE-Modell.[158] Im RESE-Modell werden zusätzlich die raumstrukturellen Effekte als räumlich autokorrelierte Restwerte im Fehlerterm aufgenommen:[159]

$$\mathbf{y} = \boldsymbol{\beta}\mathbf{X} + \mathbf{u} \qquad \text{3-62}$$

mit

$$\mathbf{u} = \boldsymbol{\mu} + \boldsymbol{\eta} + \mathbf{v} \qquad \text{3-63}$$

---

154 Vgl. Elhorst, 2003, S. 250-251. Für eine Darstellung der FE-Schätzung anhand der Bildung von Durchschnitten (Demeaned Equation) vgl. Wooldridge, 2002, S. 268.

155 Vgl. Anselin/Le Gallo/Jayet, 2008, S. 640-641.

156 Die Herleitung einer entsprechenden Schätzmethode ist aufgrund des anwendungsorientierten Schwerpunktes nicht Ziel dieser Arbeit.

157 Vgl. Balestra, 1996, S. 31.

158 Für eine ausführliche Darstellung von RE-Modellen siehe z.B. Hsiao, 2003, S. 34-41.

159 Vgl. Baltagi, 2008, S. 216.

Hier steht der (NT x 1)-Vektor $\boldsymbol{\mu}$ für die stochastischen Individualeffekte, die auf Heterogenität der Untersuchungseinheiten zurückzuführen sind und in der Zeitdimension konstant sind. Die zeitlichen Effekte werden durch den (NT x 1)-Vektor $\boldsymbol{\eta}$ repräsentiert und sind für alle Regionen gleich. Vor der Analyse sollte überprüft werden, ob Zeit- und bzw. oder Individualeffekte vorliegen, um diese bei der Schätzung zu berücksichtigen.[160] Typischerweise haben die Komponenten des Fehlerterms $\mathbf{u}$ einen Erwartungswert von Null und sind annahmegemäß voneinander unabhängig und identisch verteilt (IID). Außerdem gelten die Bedingungen, dass die Zeit- bzw. Individualeffekte nicht korreliert sind:[161]

$$E[\mu_i \mu_j] = 0 \quad \text{für } i \neq j, \qquad E[\mu_i \mu_i] = \sigma(\mu), \qquad \text{für alle } i \tag{3-64}$$

$$E[\eta_t \eta_s] = 0 \quad \text{für } t \neq s, \qquad E[\eta_t \eta_t] = \sigma(\eta), \qquad \text{für alle } t \tag{3-65}$$

Die räumliche Fehlerkomponente μ_i erzeugt aufgrund ihrer zeitlichen Konstanz eine Form zeitlicher Autokorrelation, da die Kovarianz zwischen u_{it} und u_{is} ein Element $\sigma(\mu)$ enthält. Analog dazu erzeugt die zeitliche Fehlerkomponente η_t eine Form räumlicher Autokorrelation und führt zu einer räumlichen Kovarianz von $\sigma(\lambda)$ zwischen u_{it} und u_{jt}. Die Residuen sind also äquikorreliert über die Regionen mit $\sigma(\lambda)$ und über die Zeit mit $\sigma(\mu)$.[162]

Aus Gründen der Vereinfachung wird die Herleitung der Residuen im RESE-Modell zunächst für eine bestimmte Periode und für den Fall eines einstufigen Panels mit Individualeffekten dargestellt. In der Komponente $\mathbf{v}$ aus 3-63, die einen (NT x 1)-Vektor darstellt, werden in folgender Gleichung räumliche Autokorrelationen in jeder Querschnittsdimension zugelassen:[163]

$$\mathbf{v}_t = \lambda \mathbf{W}_N \mathbf{v}_t + \boldsymbol{\varepsilon}_t \tag{3-66}$$

---

160 Zur Überprüfung auf Zeit- bzw. Individualeffekte siehe z.B. Schulze/Prinz/Schweinberger, 2006, S. 223-225 oder ausführlich Eckey/Kosfeld/Dreger, 2004, S. 285-288.
161 Vgl. Anselin, 1988a, S. 151.
162 Vgl. Anselin, 1988a, S. 151.
163 Vgl. Elhorst, 2003, S. 252.

mit dem räumlichen Autokorrelationskoeffizienten λ, der (N x N)-Matrix **W** und den Residuen $\boldsymbol{\varepsilon}_t$ in Form eines (N x 1)-Vektors. Dieser Term lässt sich umformen zu:[164]

$$\boldsymbol{\varepsilon}_t = \mathbf{v}_t - \lambda \mathbf{W}_N \mathbf{v}_t = (\mathbf{I}_N - \lambda \mathbf{W}_N) \cdot \mathbf{v}_t \qquad 3\text{-}67$$

Dabei ist $\mathbf{I}_N$ eine Einheitsmatrix der Dimension N. Durch Auflösen nach $\mathbf{v}_t$ und für $\mathbf{B}_N = \mathbf{I}_N - \lambda \mathbf{W}_N$ erhält man:

$$\mathbf{v}_t = (\mathbf{I}_N - \lambda \mathbf{W}_N)^{-1} \cdot \boldsymbol{\varepsilon}_t = \mathbf{B}_N^{-1} \cdot \boldsymbol{\varepsilon}_t \qquad 3\text{-}68$$

Für alle Zeitpunkte und Regionen kommt man schließlich zu folgendem Ausdruck für die Residuen **u**:

$$\mathbf{u} = (\boldsymbol{\iota}_T \otimes \mathbf{I}_N) \cdot \boldsymbol{\mu} + (\mathbf{I}_T \otimes \mathbf{B}_N^{-1}) \cdot \boldsymbol{\varepsilon} \qquad 3\text{-}69$$

Dabei ist $\boldsymbol{\iota}$ ein Vektor aus Einsen, **I** eine Einheitsmatrix, und der Index beschreibt jeweils die Dimension. Erweitert auf ein zweistufiges Panel mit Individual- und Zeiteffekten ergibt sich für die Residuen:

$$\mathbf{u} = (\boldsymbol{\iota}_T \otimes \mathbf{I}_N) \cdot \boldsymbol{\mu} + (\mathbf{I}_T \otimes \boldsymbol{\iota}_N) \cdot \boldsymbol{\eta} + (\mathbf{I}_T \otimes \mathbf{B}_N^{-1}) \cdot \boldsymbol{\varepsilon} \qquad 3\text{-}70$$

Der Ausdruck $(\boldsymbol{\iota}_T \otimes \mathbf{I}_N) \cdot \boldsymbol{\mu}$ beinhaltet die stochastischen Individualeffekte, die für alle Perioden konstant sind. Analog dazu beinhaltet der Ausdruck $(\mathbf{I}_T \otimes \boldsymbol{\iota}_N) \cdot \boldsymbol{\eta}$ die stochastischen Zeiteffekte, die über alle Regionen konstant sind. Annahmegemäß gilt, dass $\boldsymbol{\mu}$ ~ IID(0, σ_μ^2), $\mathbf{v}$ ~ IID(0, σ_v^2) und dass μ_i

[164] Vgl. Anselin/Le Gallo/Jayet, 2008, S. 642.

und v_{it} nicht miteinander korreliert sind.[165] Für den Störterm gilt, dass $\varepsilon \sim IID(0,\ \sigma_\varepsilon^2 I_{NT})$. Das Modell kann mit der ML-Methode geschätzt werden.[166]

3.6.5 Random Effects Spatial Lag-Modell (RESL-Modell)

Werden die raumstrukturellen Abhängigkeiten in Form einer endogenen Lag-Variablen in das RE-Modell aufgenommen, so entsteht daraus das RESL-Modell mit der Form:[167]

$$\mathbf{y} = \rho \mathbf{W}\mathbf{y} + \boldsymbol{\beta}\mathbf{X} + \mathbf{u} \qquad 3\text{-}71$$

mit

$$\mathbf{u} = (\boldsymbol{\iota}_T \otimes \mathbf{I}_N)\cdot \boldsymbol{\mu} + (\mathbf{I}_T \otimes \boldsymbol{\iota}_N)\cdot \boldsymbol{\eta} + (\mathbf{I}_T \otimes \mathbf{I}_N)\cdot \boldsymbol{\varepsilon} \qquad 3\text{-}72$$

Wie bereits im RESE-Modell ist $\boldsymbol{\iota}$ ein Vektor der Länge T bzw. N mit Einsen. Die Terme $(\boldsymbol{\iota}_T \otimes \mathbf{I}_N)\cdot \boldsymbol{\mu}$ und $(\mathbf{I}_T \otimes \boldsymbol{\iota}_N)\cdot \boldsymbol{\eta}$ bilden die stochastischen Individual- und Zeiteffekte ab. Für die Residuen $\boldsymbol{\varepsilon}$ soll gelten, dass:[168]

$$E[\varepsilon_{it}\varepsilon_{js}] = 0 \quad \text{für } i \neq j \text{ und } t \neq s \qquad 3\text{-}73$$

$$E[(\varepsilon_{it})^2] = \sigma \quad \text{für alle } i,\, t \qquad 3\text{-}74$$

Die abhängige Variable y der Region i zum Zeitpunkt t wird in diesem Modell erklärt von ihren gewichteten Ausprägungen in den Nachbarregionen zum Zeitpunkt t und weiteren erklärenden Variablen. Ihre Ausprägungen werden zudem von regions- und zeitspezifischen stochastischen Effekten und dem White Noise-Term beeinflusst.

---

165 Vgl. Anselin/Le Gallo/Jayet, 2008, S. 642.

166 Vgl. Anselin, 1988a, S. 153. Eine Generalized Moments-Schätzung ist ebenfalls möglich, vgl. z.B. Kapoor/Kelejian/Prucha, 2007, S. 102-110. Im Rahmen der Analyse in Kapitel 4 findet jedoch die ML-Methode Anwendung.

167 Vgl. Elhorst, 2003, S. 253.

168 Vgl. Anselin, 1988a, S. 151.

3.6.6 Überblick über die räumlichen Panelmodelle

Die im Rahmen dieser Arbeit beschriebenen Panelmodelle sind in Tabelle 5 in tabellarischer Übersicht dargestellt. Da die FE-Modelle nicht schätzbar sind, liegt der Fokus der Analyse auf den CP- und den RE-Modellen. Neben den Varianten, die räumlichen Abhängigkeiten im stochastischen Fehlerterm (CPSE- und RESE-Modell) oder als autoregressiven Parameter (CPSL- und RESL-Modell) aufzunehmen, gibt es noch weitere Möglichkeiten. Diese bringen jedoch auch eine erhöhte Komplexität und die Notwendigkeit großer Datenmengen auch in der Zeitdimension mit sich (siehe S. 66), weshalb im Rahmen dieser Arbeit auf die Anwendung solcher Modelle verzichtet wird.[169]

Modell	**Ab-kürzung**	**Formale Darstellung**
Classical Pooling Spatial Error-Modell	CPSE-Modell	$\mathbf{y} = \boldsymbol{\beta}\mathbf{X} + \mathbf{u}$ $\mathbf{u} = \left(\mathbf{I}_T \otimes \mathbf{B}_N^{-1}\right) \cdot \boldsymbol{\varepsilon}$
Classical Pooling Spatial Lag-Modell	CPSL-Modell	$\mathbf{y} = \rho \cdot \left(\mathbf{I}_T \otimes \mathbf{W}_N\right) \cdot \mathbf{y} + \boldsymbol{\beta}\mathbf{X} + \boldsymbol{\varepsilon}$
Fixed Effects Spatial Error-Modell	FESE-Modell	$\mathbf{y} = \boldsymbol{\mu} + \boldsymbol{\beta}\mathbf{X} + \mathbf{u}$ $\mathbf{u} = \lambda \mathbf{W}\mathbf{u} + \boldsymbol{\varepsilon}$
Fixed Effects Spatial Lag-Modell	FESL-Modell	$\mathbf{y} = \boldsymbol{\mu} + \rho \mathbf{W}\mathbf{y} + \boldsymbol{\beta}\mathbf{X} + \boldsymbol{\varepsilon}$
Random Effects Spatial Error-Modell	RESE-Modell	$\mathbf{y} = \boldsymbol{\beta}\mathbf{X} + \mathbf{u}$ $\mathbf{u} = \left(\boldsymbol{\iota}_T \otimes \mathbf{I}_N\right) \cdot \boldsymbol{\mu} + \left(\mathbf{I}_T \otimes \boldsymbol{\iota}_N\right) \cdot \boldsymbol{\eta} + \left(\mathbf{I}_T \otimes \mathbf{B}_N^{-1}\right) \cdot \boldsymbol{\varepsilon}$
Random Effects Spatial Lag-Modell	RESL-Modell	$\mathbf{y} = \rho \mathbf{W}\mathbf{y} + \boldsymbol{\beta}\mathbf{X} + \mathbf{u}$ $\mathbf{u} = \left(\boldsymbol{\iota}_T \otimes \mathbf{I}_N\right) \cdot \boldsymbol{\mu} + \left(\mathbf{I}_T \otimes \boldsymbol{\iota}_N\right) \cdot \boldsymbol{\eta} + \left(\mathbf{I}_T \otimes \mathbf{I}_N\right) \cdot \boldsymbol{\varepsilon}$

Tabelle 5: Überblick über die dargestellten räumlichen Panelmodelle

[169] Vgl. z.B. Anselin, 1988a, S. 156, Anselin/Le Gallo/Jayet, 2008, S. 644-648.

3.7 Problematik von Tests für räumliche Panelmodelle

Die Überprüfung der Annahmen im Panelmodell erweist sich im Allgemeinen schwieriger als die für Querschnitts- oder Zeitreihenmodelle. Inzwischen schlägt die Fachliteratur eine Vielzahl von Tests zur Überprüfung der Annahmen wie Nicht-Autokorrelation und Homoskedastie vor, die sich für RE-Modelle jedoch ausschließlich auf das einstufige Panelmodell beziehen.[170] Da in dieser Analyse ein zweistufiges Modell geschätzt wird, sind die Tests nicht anwendbar. Eine Interpretation der Ergebnisse erfolgt daher unter der Annahme, dass die Modellannahmen erfüllt sind.

Die Problematik, dass Tests lediglich für einstufige Panelmodelle verfügbar sind, gilt auch für Spezifikationstests bei raumstrukturellen Panelanalysen, die auf Individualeffekte und/oder räumliche Korrelationen prüfen.[171] Die Modellauswahl bei der in Kapitel 4 folgenden Analyse erfolgt daher aufgrund von Informationskriterien, der Signifikanz der Koeffizienten und aufgrund von Plausibilitätsüberlegungen.

Weiterhin kann die Berücksichtigung der Stationaritätsbedingung im Zeitreihenbereich des Panelmodells für kurze Zeitabschnitte und große Querschnittsdimensionen vernachlässigt werden,[172] weshalb in dieser Analyse nicht weiter auf diesen Aspekt eingegangen wird. Für eine Überprüfung auf räumliche Stationarität stellt die aktuelle Fachliteratur bisher noch keine entsprechenden Testverfahren für Panelmodelle zur Verfügung. Die verwendeten Variablen werden daher in der folgenden Analyse einzeln für jedes betrachtete Jahr auf räumliche Stationarität überprüft, um das Risiko einer scheinbaren Abhängigkeit zu minimieren.

---

[170] Vgl. Baltagi, 2008, S. 90-91.
[171] Vgl. z.B. Baltagi/Song/Koh, 2003, S. 124-131 und Baltagi et al., 2007, S. 9-17.
[172] Vgl. Wooldridge, 2002, S. 175. Für eine ausführliche Diskussion zur Stationarität in Panelmodellen siehe z.B. Baltagi, 2008, S. 273-284 und 101-111.

3.8 Modellauswahl für raumstrukturelle Modelle

Die Güte der Schätzung lässt sich in Modellen mit räumlichen Korrelationen nicht wie üblich mit dem Determinationskoeffizienten R^2 bestimmen.[173] Je nachdem, ob Modelle mit räumlichen Abhängigkeiten im Fehlerterm oder einer räumlichen Lag-Variablen geschätzt werden, bieten sich verschiedene Möglichkeiten der Modellbeurteilung an. Da in dieser Arbeit beide Varianten der Aufnahme räumlicher Korrelationen untersucht werden, wird ein Pseudo-R^2 berechnet, das für beide Modelle anwendbar ist.[174] Es berechnet sich aus der quadrierten Korrelation zwischen den tatsächlich beobachteten und den in der Schätzung berechneten Werten für die abhängige Variable. Allerdings ist dieses Maß – wie für Pseudo-R^2-Messgrößen üblich – nur mit Vorsicht zu interpretieren, da es keinen definierten Wertebereich hat. Bei der Bestimmung der Güte einer Schätzung werden dabei bereits relativ kleine Werte als Indikator für eine brauchbare Schätzung angesehen.

Zusätzlich wird die Modellauswahl anhand der Signifikanz der geschätzten Parameter und mit Hilfe der Informationskriterien von Akaike, Hannan und Quinn und Schwarz unterstützt.[175] Alle Kriterien belegen die Güte der Schätzung – in diesem Fall durch das maximierte Log-Likelihood-Maß repräsentiert – mit einem Strafterm, der mit der Anzahl der zu schätzenden Parameter zusammenhängt. Das Modell, bei dem die Informationskriterien den niedrigsten Wert ausweisen, ist Modellen mit höheren Werten vorzuziehen.

---

173 Vgl. Anselin, 1988a, S. 243.
174 Vgl. Anselin, 1988a, S. 244.
175 Für eine Übersicht über diese Informationskriterien vgl. Anselin, 1988b, S. 298-299.

4 Paneldatenanalyse der regionalen Erwerbstätigenzahlen in Deutschland

4.1 Datengrundlage

Ziel dieser Analyse ist, die Entwicklung der regionalen Erwerbstätigenzahlen anhand verschiedener regionaler Einflussgrößen, wie z.B. der Zusammensetzung der Erwerbstätigen in Bezug auf ihre Qualifikation, zu erklären. Hierfür werden Daten der amtlichen Statistik von 2001 bis 2006 verwendet, die auf Kreisebene zur Verfügung stehen und für die Abgrenzung in Arbeitsmarktregionen nach Kapitel 2.1.2 entsprechend aggregiert wurden.

Eine Besonderheit bildet hier das Bundesland Sachsen-Anhalt. Da eine kreisscharfe Abgrenzung der sozialversicherungspflichtig Beschäftigten nach Art der Ausbildung erst ab 2004 vorliegt, wird das gesamte Bundesland Sachsen-Anhalt als eine eigene Arbeitsmarktregion angesehen.[176] Aufgrund der Aggregation der in Sachsen-Anhalt liegenden Arbeitsmarktregionen werden in der folgenden Analyse nur 144 statt 150 Regionen betrachtet.

Für die abhängige Variable wird die Anzahl der sozialversicherungspflichtig Beschäftigten am Arbeitsort in Vollzeitäquivalenten (*besch*) in den einzelnen Regionen verwendet. Angegeben wird dabei die Anzahl der Beschäftigten im Juni des jeweiligen Jahres. Sozialversicherungspflichtig Beschäftigte sind alle Arbeiter und Angestellte einschließlich der zu ihrer Berufsausbildung Beschäftigten (z.B. Auszubildende), die in der gesetzlichen Kranken-, Renten- oder Pflegeversicherung und/oder beitragspflichtig nach dem Recht der Arbeitsförderung sind oder für die von den Arbeitgebern Beitragsanteile nach dem Recht der Arbeitsförderung gezahlt werden. Nicht zu den sozialversicherungspflichtig Beschäftigten zählen grundsätzlich Selbständige, mithelfende Familienangehörige, Beamte sowie kurzfristig Beschäftigte. Da sich diese Analyse auf die Arbeitsmarktregionen bezieht, wurden die Zahlen für die Beschäftigten am Arbeitsort und nicht am Wohnort verwendet. Die sozialversicherungs-

---

[176] Besonders problematisch ist dabei, dass der in Sachsen-Anhalt liegende Altmarkkreis Salzwedel zur Arbeitsmarktregion Wolfsburg gehört. Diese Arbeitsmarktregion kann demzufolge nicht vollständig in die Analyse eingehen und besteht nur noch aus den Kreisen Gifhorn, Helmstedt und Wolfsburg.

pflichtig Beschäftigten nach dem Arbeitsortprinzip werden den Beschäftigten der Gemeinde zugeordnet, in der der Betrieb liegt, in dem sie beschäftigt sind. Aus diesen Daten werden Wachstumsfaktoren nach

$$\text{beschfaktor}_t = \frac{\text{besch}_t}{\text{besch}_{t-1}} \qquad 3\text{-}75$$

gebildet. Für die Analyse sollen die Ausprägungen der erklärenden Variablen zum Zeitpunkt t-1 das Beschäftigungswachstum vom Zeitpunkt t-1 zum Zeitpunkt t erklären (*beschfaktor*).

Als potentielle erklärende Variablen werden zunächst die folgenden drei Qualifikationsniveaus der Beschäftigten am Arbeitsort in von 2001 bis 2005 verwendet.

Beschäftigte

- ohne abgeschlossene Berufsausbildung,
- mit Lehr- oder Anlernausbildung oder Abschluss an einer Berufsfach- bzw. Fachschule,
- mit Abschluss an einer höheren Fachschule, Fachhochschule, Hochschule

entsprechen in dieser Reihenfolge den in der Schätzung verwendeten Klassifikationen gering-, mittel- und hochqualifizierte Arbeitnehmer. Um die Anzahl der Beschäftigten in den jeweiligen Qualifikationsniveaus auf die Größe der Arbeitsmarktregion zu beziehen, werden sie in der Analyse als Anteile an den insgesamt in der Region Beschäftigten verwendet. Der Theorie zufolge müsste sich ein hoher Anteil an hochqualifizierten Arbeitnehmern positiv auf das Beschäftigungswachstum auswirken. Damit sollte vor allem die Variable ‚Anteil der hochqualifizierten Arbeitnehmer' (*beschant_hoch*) signifikante Koeffizienten haben. Häufig wird diese Variable auch als Indikator für die Innovationsfähigkeit von Regionen herangezogen.[177] Auch die anderen beiden Qualifikationsniveaus (*beschant_mittel, beschant_gering*) werden in der Modellspezifikation berücksichtigt, um eventuelle Abhängigkeiten zu untersuchen. Für sie wird

---

[177] Vgl. Tarazona, 2006, S. 4.

ebenfalls ein positives Vorzeichen, allerdings betragsmäßig kleinere Koeffizienten, erwartet.

Weitere Variablen, die alle für die Jahre 2001 bis 2005 vorliegen, dienen der Charakterisierung der einzelnen Regionen, um zusätzliche regionsspezifische Einflüsse in der Analyse berücksichtigen zu können. So werden die Bevölkerungszahlen der Regionen auf deren Gebietsfläche in Quadratkilometer bezogen, um einen Indikator für ländliche (ein relativ geringer Wert für die Bevölkerung pro km^2) oder städtische bzw. urbane (ein relativ hoher Wert für die Bevölkerung pro km^2) Regionen zu erhalten (*bevdichte*). Die in der Analyse zu prüfende These ist, dass städtische Regionen mit einer hohen Bevölkerungsdichte ein größeres Beschäftigungswachstum als die ländlichen Regionen mit geringer Bevölkerungsdichte haben. Die Bevölkerungszahlen liegen in Form eines Jahresdurchschnittswertes (arithmetisches Mittel der zwölf Monatsdurchschnittswerte) in Einwohnern vor. Zur Berechnung der Bevölkerungsdichte wird der jeweils gemeldete Erstwohnsitz herangezogen.

Die wirtschaftliche Produktivität einer Region wird über das BIP pro Kopf gemessen. Das BIP zu Marktpreisen ist in jeweiligen Preisen in 1.000 Euro verfügbar. Für das Panelmodell sollten diese Daten daher deflationiert werden. Problematisch ist jedoch, dass keine geeigneten regionalen Deflatoren zur Verfügung stehen. Um für die Analyse inflationsbedingte Einflüsse in der Zeitdimension auszuschließen, wurden die Daten mit dem BIP-Deflator für Gesamtdeutschland bereinigt (*bip_defl_pk*). Da in Konjunkturaufschwüngen neue Arbeitsplätze finanziert werden können, wird auch für diese Größe ein positiver Einfluss auf die Beschäftigungsrate erwartet.

Weiterhin bildet das Einkommen der privaten Haushalte pro Kopf[178] in 1.000 Euro einen Indikator für den Wohlstand in einer Region. Auch diese Größe wird für die Panelschätzung mit dem BIP-Deflator für Deutschland um inflationsbedingte Einflüsse bereinigt (*eink_ph_pk*). Ein hohes Pro-Kopf-Einkommen ist zudem ein weiterer Indikator für ein hohes Qualifikationsniveau in einer Region. Somit wird für hohe Pro-Kopf-Einkommen auch ein positiver Einfluss auf die Beschäftigungsrate erwartet.

---

[178] Dazu zählen auch die privaten Organisationen ohne Erwerbszweck.

Ein Maß für die bestehende Arbeitsmarktsituation in einer Region stellt die Beschäftigungsdichte bezogen auf die Bevölkerung dar. Sie ist der Quotient aus der Anzahl der Beschäftigten pro Einwohner (*beschdichte_bev*). Hohe Werte sprechen für einen funktionierenden Arbeitsmarkt, weshalb für die Analyse mit einem positiven Vorzeichen gerechnet wird.

Die bisher genannten Daten stammen vollständig aus der Veröffentlichung „Statistik regional" der Statistischen Ämter des Bundes und der Länder.[179]

Weiterhin werden aufgrund des in Kapitel 2.4 beschriebenen Selektionsmodells Variablen für die Messung der Lohnverteilung in den Regionen verwendet. Da solche Verteilungsvariablen für die Regionen nicht durch die amtliche Statistik zur Verfügung gestellt werden, wurden diese aus Individualdaten berechnet. Die Datengrundlage dafür bildet die faktisch anonymisierte IAB-Beschäftigtenstichprobe 1975 – 2004 (IABS04). Da diese Daten ursprünglich für administrative Zwecke des Sozialversicherungssystems erhoben wurden, sind sie sehr zuverlässig und enthalten in der Regel keine systematischen Messfehler.[180] Der Datenzugang erfolgte über einen ‚Scientific Use File', der vom Forschungsdatenzentrum der Bundesagentur für Arbeit im Institut für Arbeitsmarkt- und Berufsforschung zu beziehen ist.[181] Für die Berechnung der Konzentration des Einkommens in den einzelnen Arbeitsmarktregionen werden regionale Gini-Koeffizienten (*gini*) auf der Grundlage des Tagesentgelts berechnet.[182] Dabei werden Beschäftigungsverhältnisse, die nicht über das gesamte betrachtete Jahr bestanden, anteilig berücksichtigt.

Da die Daten der IABS04 aus dem Meldeverfahren der Sozialversicherung stammen, sind lediglich Einkommen bis zur Bemessungsgrundlage der Sozialversicherung angegeben, wogegen Einkommen oberhalb der Bemessungsgrundlage codiert wurden. Somit lassen sich die regionalen Gini-Koeffizienten nur für diejenigen Einkommen berechnen, die unterhalb der Bemessungsgrundlage liegen, was eine starke Verzerrung dieser Messgröße zur Folge hat. Um ein Maß für den Anteil der höher Verdienenden in die Schätzung einbringen

---

179 Siehe Statistisches Bundesamt, 2007.
180 Vgl. Longhi/Nijkamp, 2007, S. 102.
181 Für detaillierte Angaben zur IABS04 siehe Drews, 2008.
182 Zur Berechnung von Gini-Koeffizienten vgl. Schulze, 2007, S. 111.

zu können, wurde zudem für jede Region der Anteil der Arbeitnehmer mit einem Einkommen oberhalb der Bemessungsgrundlage an der Gesamtzahl der aus dieser Region in der IABS04 erfassten Arbeitnehmer berechnet (*eink_bmg*). Je größer der Gini-Koeffizient, desto größer ist die Konzentration in der Region und desto größer auch der Anreiz für hochqualifizierte Arbeitnehmer, in diese Region zu wechseln. Gleiches gilt auch für den Anteil der Einkommen oberhalb der Bemessungsgrundlage.[183]

Die für die Analyse verwendeten Variablen werden in Tabelle 6 mit ihrer Skalierung und ihrer erwarteten Wirkungsrichtung im Überblick dargestellt.

Abhängige Variable		
beschfaktor	Beschäftigungsfaktor	
Erklärende Variablen		**Erwartete Wirkungsrichtung**
beschant_hoch	Anteil der hochqualifizierten Beschäftigten an der Gesamtzahl der Beschäftigten	+
beschant_mittel	Anteil der mittelqualifizierten Beschäftigten an der Gesamtzahl der Beschäftigten	+
beschant_gering	Anteil der geringqualifizierten Beschäftigten an der Gesamtzahl der Beschäftigten	+
beschdichte_bev	Anteil der Beschäftigten an der Bevölkerung	+
bevdichte	Einwohner pro km^2	+
bip_defl_pk	Deflationiertes BIP pro Kopf in 1.000 Euro	+
eink_bmg	Anteil der Erwerbstätigen mit einem Einkommen oberhalb der Bemessungsgrundlage	+
eink_ph_pk	Pro-Kopf-Einkommen der privaten Haushalte in 1.000 Euro	+
gini	Gini-Koeffizient über alle Einkommen unterhalb der Bemessungsgrundlage	+

Tabelle 6: Variablenübersicht für die Paneldatenanalyse

Für die Erstellung verschiedener räumlicher Gewichtungsmatrizen (siehe Kapitel 3.1.2) wurden die Distanzen zwischen den Zentren der Arbeitsmarktregionen

[183] Siehe hierzu die Erläuterungen in Kapitel 2.4.

herangezogen (Luftlinie).[184] Neben der binären Nachbarschaftsmatrix wird zusätzlich eine Matrix mit inversen Distanzen gemäß Gleichung 3-2, S. 37, erstellt. Weiterhin wird eine Gewichtungsmatrix anhand von Distanzringen definiert. Dabei erweist sich folgende Definition als diejenige, die aufgrund von Probeschätzungen des RAR-Modells und aufgrund von Plausibilitätsüberlegungen vorzuziehen ist:

Distanzring					w_{ij}
		Distanz	<	40 km	1
40 km	≤	Distanz	<	70 km	0,5
70 km	≤	Distanz	<	100 km	0,25

Tabelle 7: Definition von Distanzringen für die Gewichtungsmatrix

Sämtliche Gewichtungsmatrizen werden in ihrer ursprünglichen und in der zeilennormierten Variante erstellt und in der Analyse verwendet.

4.2 Analyse der räumlichen Struktur mit Querschnittsschätzungen

Um feststellen zu können, ob räumliche Autokorrelationen vorliegen, werden die in Kapitel 3.3 vorgestellten Tests zunächst auf die Residuen von KQ-Querschnittsschätzungen angewendet.[185] Aufgrund der Informationskriterien und dem Pseudo-R^2 ergab sich folgende Spezifikation, anhand der die Analyse der räumlichen Struktur durchgeführt wird:

beschfaktor = (bevdichte, bip_defl_pk, gini) 3-76

Der Jarque-Bera-Test ergibt normalverteilte Residuen. Der Breusch-Pagan-Test weist für die verwendeten Daten das Vorliegen von Heteroskedastie aus. Werden die Variablen in logarithmierter Form verwendet, so ist die Annahme normalverteilter Restgrößen weiterhin gegeben und die Residuen sind nach dem Breusch-Pagan-Test homoskedastisch.[186] In der weiteren Analyse wird daher mit

[184] Siehe Google Maps, o. J.
[185] Sämtliche Schätzungen für Kapitel 4 wurden mit Matlab 7.5.0 durchgeführt.
[186] In Anhang 1 auf S. 138 sind die zu den beiden Tests gehörenden p-values abgedruckt.

logarithmierten Daten gearbeitet. Da die Verwendung logarithmierter Werte die Gefahr von Heteroskedastie mindert und für die Paneldatenanalyse keine Überprüfung auf Homoskadastie möglich ist, erfolgt eine Logarithmierung der Variablen auch für die folgende Paneldatenanalyse.

Für sämtliche Gewichtungsmatrizen ergibt sich für den Moran-Koeffizienten sowie den Wald, LR-, LM- und RAK_H-Test [187] bei einer Irrtumswahrscheinlichkeit von 5% eine deutliche Ablehnung der Nullhypothese. Die räumlichen Korrelationen sind also robust gegen die Wahl der räumlichen Gewichtungsmatrix und eine KQ-Schätzung wäre nicht konsistent. Dieses Ergebnis wurde für sämtliche Jahre von 2002 bis 2006 erzielt, so dass die räumlichen Beziehungen auch für die Paneldatenanalyse relevant sind.[188] Die Ergebnisse der Tests auf räumliche Korrelationen mit der zeilennormierten einfachen Nachbarschaftsmatrix für die KQ-Schätzung von Spezifikation 3-76 sind in Tabelle 8 dargestellt. Für alle betrachteten Jahre wird die Nullhypothese, dass keine räumlichen Abhängigkeiten vorliegen, abgelehnt.

Test	**2002**	**2003**	**2004**	**2005**	**2006**
			p-value		
Moran-Koeffizient	0,000	0,000	0,000	0,000	0,000
LR-Test	0,000	0,000	0,000	0,000	0,000
Wald-Test	0,000	0,000	0,000	0,000	0,000
LM-Test	0,000	0,000	0,000	0,000	0,000
LM_{SERR}-Test	0,000	0,000	0,000	0,000	0,000
RAK_H-Test	0,011	0,006	0,006	0,008	0,009

Tabelle 8: Testergebnisse auf räumliche Korrelation

Sämtliche in Kapitel 3.2 erläuterten Modelle wurden mit verschiedenen Variablenkombinationen und Gewichtungsmatrizen geschätzt und anhand der in Kapitel 3.5 beschriebenen Informationskriterien überprüft. Dabei sind die Ergebnisse insoweit konsistent, als für sämtliche Kombinationen von erklärenden Va-

[187] Für die Durchführung des RAK_H-Tests wurden als Instrumentvariablen die Variablen der Vorperiode verwendet. Auch bei der Überprüfung des Modells mit Originaldaten und vorliegender Heteroskedastie weist der RAK_H-Test räumliche Korrelation aus.

[188] Zu diesem Vorgehen der Analyse von räumlicher Korrelation für Paneldaten vgl. Longhi/Nijkamp, 2007, S. 114.

riablen stets das AR-Modell präferiert wird. Zwar liegen die Werte der Informationskriterien der AR-Schätzungen sehr nahe bei denen der GARR-Schätzungen. Da der LM_{SERR}-Test auf weitere räumliche Effekte in den Residuen der GARR-Schätzung hinweist (aufgrund der Ablehnung der Nullhypothese, dass keine weiteren räumlichen Abhängigkeiten in den Residuen bestehen, siehe Tabelle 8 und Kapitel 3.3.2.4), kann die räumliche Lag-Variable die raumstrukturellen Effekte jedoch offenbar nicht adäquat abbilden.

Das AR-Modell für 2006 ist sowohl für die Ursprungsdaten als auch für die Schätzung mit logarithmierten Werten in Tabelle 9 dargestellt.[189]

	Ursprungsdaten		**Logarithmierte Werte**	
Abhängige Variable	$beschfaktor_t$		$\ln beschfaktor_t$	
Pseudo-R^2	0,2344		0,4064	
Log-likelihood	439,6		516,3	
Akaike	885,1		939,7	
HannanQuinn	894,0		951,6	
Schwarz	888,7		944,5	
p-value BP_{RAK}-Test	0,0416		0,0974	
Variable	Koeffizient	p-value	Koeffizient	p-value
Constant	0,9519	0,0000		
$\ln bevdichte_{(t-1)}$	-0,0001	0,0430	-0,0010	0,0005
$\ln bip\_defl\_pk_{(t-1)}$	0,0003	0,0829	0,0024	0,0294
$\ln gini_{(t-2)}$	0,0960	0,0000	0,1236	0,0030
W*dep.var. (ρ)	0,2114	0,0000	0,2709	0,0018
spat.aut. (λ)	0,2900	0,0000	0,2560	0,0195

Tabelle 9: Ergebnisse des AR-Modells der räumlichen Querschnittsschätzung für 2006

Zwar weisen die Informationskriterien der Regression mit den Ursprungsdaten kleinere Werte aus als für die Regression mit den logarithmierten Werten, aber für das Modell mit den Ursprungsdaten muss die Nullhypothese des BP_{RAK}-Tests auf Homoskedastie bei einer Irrtumswahrscheinlichkeit von 5% abgelehnt

[189] Da sich die Ergebnisse für die verschiedenen Jahre ähneln und der Fokus auf der in Kapitel 4.3 folgenden Paneldatenanalyse liegt, wird an dieser Stelle ausschließlich das Modell für 2006 dargestellt.

werden. Die Residuen sind folglich heteroskedastisch. Für das Modell mit den logarithmierten Werten kann die Nullhypothese der Homoskedastie dagegen bei einer Irrtumswahrscheinlichkeit von 5% nicht abgelehnt werden. Das höhere Pseudo-R^2 spricht ebenfalls für das Modell mit den logarithmierten Werten, weshalb im Folgenden ausschließlich dieses Modell betrachtet wird. Das Absolutglied verliert aufgrund der Logarithmierung der Daten seine Signifikanz und wird daher in dieser Schätzung nicht berücksichtigt.

In Tabelle 10 sind die Ergebnisse des zweistufigen Tests auf scheinbare Regression für 2006 dargestellt.[190] Sowohl für den LM_{SR}-Test als auch für den DLM_{SR}-Test ergeben die p-values der geprüften Variablen eine Ablehnung der Nullhypothese. Auch die Überprüfung der Residuen der Regression ergibt eine Ablehnung der Nullhypothese für beide Prüfgrößen. Die Ergebnisse der Tests auf räumliche Effekte beruhen also nicht auf dem Vorhandensein räumlicher Nicht-Stationarität, die zu einer scheinbaren Abhängigkeit führt. Das in Tabelle 9 dargestellte Modell ist also keine Spurious Regression, und es liegt stationäre räumliche Autokorrelation vor.

	LM_{SR}-Test	**DLM_{SR}-Test**
	p-value	
ln beschfaktor	0,0034	0,0118
ln bevdichte	0,0000	0,0014
ln bip_defl_pk	0,0000	0,0038
ln gini	0,0000	0,0023
Residuen der Regression	0,0252	0,0412

Tabelle 10: Ergebnisse des Tests auf scheinbare Regression

Da keine scheinbare Korrelation vorliegt, können die geschätzten Koeffizienten des Modells mit den logarithmierten Werten interpretiert werden. Das negative Vorzeichen für die logarithmierte Bevölkerungsdichte erscheint zunächst überraschend. So hat eine höhere Bevölkerungsdichte, was als Indikator für eine eher dicht besiedelte städtische Region zu sehen ist, einen negativen Einfluss auf den Wachstumsfaktor der Beschäftigung. Ist die Bevölkerungsdichte um 1% erhöht,

190 Auf die Darstellung der Testergebnisse für die anderen in der Paneldatenanalyse betrachteten Jahre wird wegen der Ähnlichkeit der Ergebnisse verzichtet.

so sinkt der Wachstumsfaktor der Beschäftigung ceteris paribus (c.p.) um 0,001%. Eine einprozentige Erhöhung des deflationierten Pro-Kopf-BIP in einer Region führt c.p. zu einer Erhöhung des Wachstumsfaktors der Beschäftigung um 0,002%. Steigt der Gini-Koeffizient in einer Region um 1%, so hat dies c.p. einen Anstieg des Wachstumsfaktors der Beschäftigung um 0,124% zur Folge. Da es sich im Rahmen dieser Analyse hierbei um Zwischenergebnisse handelt und das Hauptaugenmerk auf der Panelanalyse liegt, werden diese Ergebnisse nicht weiter auf ihre ökonomische Bedeutung hin interpretiert.

4.3 Ergebnisse der räumlichen Paneldatenanalyse

4.3.1 Gesamtdeutschland

Eine Varianzanalyse der Residuen des CPSL-Modells ergibt, dass sowohl regionen- als auch zeitspezifische Effekte vorliegen.[191] Um diese Effekte zu berücksichtigen, ist eine RE-Schätzung den CP-Modellen vorzuziehen.

Aufgrund der hohen Wahrscheinlichkeit vorliegender Heteroskedastie durch die Verschiedenartigkeit der Regionen, der in Kapitel 4.2 vorgestellten Ergebnisse des Breusch-Pagan-Tests und der Problematik der Annahmenüberprüfung in räumlichen RE-Modellen (vgl. Kapitel 3.7), wird mit logarithmierten Werten gearbeitet.[192] Die Verwendung logarithmierter Werte mindert die Gefahr von Heteroskedastie, und die geschätzten Koeffizienten lassen sich als Elastizitäten interpretieren. Die Logarithmierung der Variablen führt im vorliegenden Fall sogar zu besseren Schätzergebnissen. Eine Überprüfung auf räumliche Abhängigkeiten und räumliche Stationarität der Variablen für alle betrachteten Jahre ergab analog zu den Ergebnissen der Querschnittsanalyse für alle Größen eine Ablehnung der Nullhypothese. Die signifikanten räumlichen Effekte resultieren also nicht aus einer möglichen Nicht-Stationarität der Variablen.[193]

[191] Die Ergebnisse der Varianzanalyse sind in Anhang 4 auf S. 140 abgedruckt.

[192] In Anhang 1 auf S. 138 sind die zu den beiden Tests gehörenden p-values abgedruckt.

[193] Die einzelnen Ergebnisse der Tests auf räumliche Abhängigkeiten und der Stationaritätstests werden an dieser Stelle nicht weiter dargestellt und können bei der Autorin angefragt werden.

Für sämtliche Kombinationen von Variablen ergibt das RESL-Modell bessere Ergebnisse als das RESE-Modell. Die Aufnahme der räumlichen Korrelationen in Form eines räumlich autoregressiven Parameters scheint der Realität folglich besser zu entsprechen als eine stochastische Modellierung in Form räumlicher Autokorrelation. Die beste Spezifikation aufgrund von Parametersignifikanzen, Pseudo-R^2 und Informationskriterien ergibt sich mit der Spezifikation

beschfaktor = f(beschant_hoch, bevdichte, bip_defl_pk, gini, eink_bmg) 3-77

und der Verwendung der zeilennormierten Gewichtungsmatrix mit Distanzringen (vgl. Tabelle 7, S. 78).[194] Dabei bezieht sich die abhängige Variable *beschfaktor* auf das Wachstum der Beschäftigung von Periode t-1 zur Periode t. Die Variablen *beschant_hoch, bevdichte* und *bip_defl_pk* beziehen sich auf die Periode t-1 und die Variablen *gini* und *eink_bmg* auf die Periode t-2. Diese zeitlich verzögerten Abhängigkeiten wurden aufgrund von Informationskriterien für verschiedene Schätzungen festgestellt. In Tabelle 11 sind die Ergebnisse der RESE- und der RESL-Schätzungen für Spezifikation 3-77 dargestellt:

	RESE		**RESL**	
Abhängige Variable	ln $beschfaktor_t$		ln $beschfaktor_t$	
Pseudo-R^2	0,6098		0,6176	
Akaike	4494,4		4367,9	
Hannan-Quinn	4517,3		4390,8	
Schwarz	4503,2		4376,8	
Variable	Koeffizient	p-value	Koeffizient	p-value
ln $beschant\_hoch_{(t-1)}$	0,0033	0,0074	0,0069	0,0000
ln $bevdichte_{(t-1)}$	-0,0037	0,0005	-0,0039	0,0000
ln $bip\_defl\_pk_{(t-1)}$	0,0213	0,0000	0,0258	0,0000
ln $gini_{(t-2)}$	0,0529	0,0000	0,0666	0,0000
ln $eink\_bmg_{(t-2)}$	0,0007	0,5775	0,0048	0,0000
spat.aut. (λ)	0,7070	0,0000		
W*dep.var. (ρ)			0,3750	0,0000

Tabelle 11: Ergebnisse der Paneldatenanalyse für Gesamtdeutschland

194 Für eine Übersicht über die Schätzergebnisse unter Verwendung verschiedener Gewichtungsmatrizen siehe Anhang 7, S. 142.

Das Pseudo-R^2 und die Informationskriterien weisen das RESL-Modell einstimmig als das bessere Modell aus. Im RESE-Modell ist der Koeffizient für den logarithmierten Anteil der Einkommen oberhalb der Beitragsbemessungsgrenze nicht signifikant von Null verschieden, aus Vergleichsgründen wurde die Variable hier dennoch im Modell belassen. Die quadrierte Korrelation zwischen den beobachteten und den durch das Modell berechneten Werten der abhängigen Variablen weist mit einem Pseudo-R^2 von 0,618 auf eine gute Anpassung der Schätzwerte hin.

Ein Vergleich mit den Ergebnissen der Querschnittsschätzung zeigt zunächst, dass im Panel offenbar eine andere Struktur der räumlichen Abhängigkeiten vorliegt. Nachdem im Querschnitt ein Modell mit räumlicher Autokorrelation in den Residuen zu den besten Ergebnissen führte, weist im Panel das Modell mit einer räumlichen endogenen Lag-Variable die besseren Werte für die Beurteilung der Schätzergebnisse aus. Zudem sind im Vergleich zur Querschnittsschätzung in den Panelmodellen zusätzlich die Variablen für den Anteil der hochqualifizierten Beschäftigten (*beschant_hoch*) und für den Anteil der Beschäftigten mit einem Einkommen oberhalb der Bemessungsgrundlage (*eink_bmg*) signifikant von Null verschieden.

In beiden Modellen weisen die Koeffizienten jeweils die gleichen Vorzeichen auf, was für die Robustheit der Schätzung spricht. Eine Interpretation der Ergebnisse wird ausschließlich für die RESL-Schätzung vorgenommen, da diese als das im Rahmen dieser Analyse beste Modell anzusehen ist. Alle Koeffizienten sind hoch signifikant von Null verschieden und können somit interpretiert werden. Wie bereits in der Querschnittsschätzung ergibt sich auch hier ein negatives Vorzeichen für die logarithmierte Bevölkerungsdichte. So hat eine höhere Bevölkerungsdichte (*bevdichte*) einen negativen Einfluss auf den Wachstumsfaktor der Beschäftigung. In Regionen mit einer um 1% erhöhten Bevölkerungsdichte ist der Wachstumsfaktor der Beschäftigung c.p. um 0,004% niedriger. Das negative Vorzeichen erscheint zunächst überraschend. Allerdings könnte dies auf das Phänomen der regionalen Dekonzentration zurückzuführen sein, die seit den 1970er Jahren die Beschäftigtenentwicklung in Deutschland geprägt hat.[195] Aufgrund dieses Zusammenhangs nähert sich der Anteil der Erwerbstätigen der ländlicheren Regionen infolge von Konvergenztendenzen an den Erwerbstätigenanteil in den eher städtischen Regionen an.[196]

Alle anderen Koeffizienten haben erwartungsgemäß positive Vorzeichen. Eine Erhöhung des Anteils der hochqualifizierten Beschäftigten (*beschant_hoch*) in einer Region um 1% führt bis zur Folgeperiode c.p. zu einem Anstieg des Wachstumsfaktors der Beschäftigung (*beschfaktor*) in dieser Region um 0,007%. Die Zusammensetzung der Beschäftigten in Bezug auf ihr Qualifikationsniveau hat also einen Einfluss auf das gesamte Beschäftigungswachstum. Die These aus Kapitel 2.3, dass ein hoher Anteil an hochqualifizierten Beschäftigten das gesamte Beschäftigungswachstum fördert, wird in diesem Ergebnis bestätigt. Analog zu den Überlegungen in Kapitel 4.1, dass in konjunkturellen Aufschwungphasen neue Arbeitsplätze geschaffen werden können, führt eine einprozentige Erhöhung des deflationierten Pro-Kopf-BIP (*bip_defl_pk*) in einer Region c.p. zu einer Erhöhung des Wachstumsfaktors der Beschäftigung um 0,026%. Steigt der Gini-Koeffizient (*gini*) in einer Region um 1%, was bedeutet, dass sich die Ungleichverteilung des Einkommens in dieser Region verstärkt, so hat dies zwei Jahre später c.p. einen Anstieg des Wachstumsfaktors der Beschäftigung um 0,067% zur Folge. Eine Erhöhung des Anteils der Einkommen über der Bemessungsgrundlage (*eink_bmg*) um 1% führt zwei Jahre danach c.p. zu einem Anstieg des Wachstumsfaktors der Beschäftigung um 0,005%.

In beiden Schätzungen ist die Einbindung der räumlichen Beziehungen hochsignifikant. Zudem weisen sie in den dargestellten Modellen den betragsmäßig höchsten Koeffizienten auf, was beides noch einmal für das Vorhandensein räumlicher Korrelationen spricht. Der Koeffizient λ im RESE-Modell gibt zufällige Effekte aus den Nachbarregionen wieder und wird üblicherweise nicht interpretiert.[197] Erhöht sich der durchschnittliche Wachstumsfaktor der Beschäftigung (*beschfaktor*) in den Nachbarregionen um 1%, dann steigt unter Konstanthaltung der anderen Variablen im Modell der Wachstumsfaktor in der eigenen Region nach dem RESL-Modell um 0,375%. Aufgrund des positiven

195 Vgl. Lutter, 2006, S. 42.
196 Vgl. Zimmermann, 2007, S. 9.
197 Vgl. Eckey/Kosfeld/Türck, 2006b, S. 554.

Vorzeichens sind damit Konvergenztendenzen zwischen den Regionen erkennbar.[198]

4.3.2 Ergebnisse für ausgewählte Regionen Deutschlands

Da die Abgrenzung der Arbeitsmarktregionen in manchen Gebieten sehr kleinräumig ausfällt und um die Stabilität der Ergebnisse für Gesamtdeutschland zu analysieren, wird die räumliche Paneldatenanalyse beispielhaft auch für zwei Teilregionen durchgeführt. Cluster 1 bilden die der Fläche nach kleineren Arbeitsmarktregionen Baden-Württembergs. Cluster 2 wird durch ein Konglomerat aus Arbeitsmarktregionen aus Bayern, Thüringen und Sachsen gebildet.[199] Auch diese Teilregion besteht aus relativ kleinen Arbeitsmarktregionen und bestätigt die bereits vorliegenden Ergebnisse aus Kapitel 4.3.1. Aufgrund der bereits dargestellten Problematik wird auch für die Analyse der Teilregionen mit logarithmierten Werten gearbeitet.[200] Die Varianzanalyse ergibt ebenfalls das Vorliegen von Individual- und Zeiteffekten[201] und die Überprüfung auf räumliche Stationarität ergibt eine Ablehnung der Nullhypothese, womit sich die räumlichen Effekte nicht aufgrund einer Nicht-Stationarität der Variablen ergeben.[202] Die Ergebnisse für das jeweils beste Modell sind für beide Regionen-Cluster in Tabelle 12 dargestellt.[203]

---

[198] Vgl. Eckey/Kosfeld/Türck, 2005, S. 602.

[199] Für weitere Teilregionen, wie beispielsweise das Ruhrgebiet, konnten keine brauchbaren Ergebnisse erzielt werden.

[200] Die Ergebnisse des Jarque-Bera- und des Breusch-Pagan-Tests der entsprechenden Querschnittsschätzungen für Cluster 1 und 2 sind in Anhang 2 auf S. 139 abgedruckt.

[201] Die Ergebnisse der Varianzanalyse sind in Anhang 5 auf S. 141 abgedruckt.

[202] Die Ergebnisse der Querschnittsanalysen für die einzelnen Jahre, der Tests auf räumliche Abhängigkeiten und der Stationaritätstests werden an dieser Stelle nicht weiter dargestellt und können bei der Autorin angefragt werden.

[203] Folgende Arbeitsmarktregionen bilden Cluster 1: Biberach, Bodensee, Freiburg, Freudenstadt, Konstanz, Lörrach, Ortenau, Ravensburg, Reutlingen, Rottweil, Schwarzwald, Sigmaringen, Tuttlingen, Ulm, Waldshut, Zollernalb.
Folgende Arbeitsmarktregionen bilden Cluster 2: Annaberg, Bamberg, Bayreuth, Coburg, Gera, Hof, Jena, Plauen, Saalfeld, Weiden, Zwickau.

RESL-Modell	**Cluster 1**		**Cluster 2**	
Abhängige Variable	ln $beschfaktor_t$		ln $beschfaktor_t$	
Gewichtungsmatrix	Standardisiert Inverse Distanzen		Standardisiert Entfernungsringe	
Pseudo-R^2	0,5325		0,5498	
Variable	Koeffizient	p-value	Koeffizient	p-value
ln $beschant\_hoch_{(t-1)}$	0,0229	0,0001	0,0071	0,0976
ln $beschant\_gering_{(t-1)}$	0,0312	0,0138		
ln $beschdichte\_bev_{(t-1)}$	-0,0485	0,0005		
ln $bevdichte_{(t-1)}$	-0,0195	0,0000		
ln $bip\_defl\_pk_{(t-1)}$	0,0700	0,0000	0,0228	0,0008
ln $gini_{(t-2)}$	0,0763	0,0035	0,0581	0,0005
W*dep.var. (ρ)	0,9990	0,0255	0,6140	0,0061

Tabelle 12: Ergebnisse der Paneldatenanalyse für ausgewählte Regionen

Im Vergleich zur Analyse für Gesamtdeutschland fällt auf, dass die Variable *eink_bmg* für beide Cluster bei einer Irrtumswahrscheinlichkeit von 5% nicht signifikant von Null verschieden ist und somit aus der Schätzung und der Darstellung in Tabelle 12 herausfällt. In Cluster 2 ist zusätzlich die Variable *bevdichte* nicht signifikant von Null verschieden und findet in der Schätzung dort keine Berücksichtigung. In der Schätzung für Cluster 1 haben zusätzlich die Variablen *beschant_gering* und *beschdichte_bev* einen erklärenden Einfluss auf das Wachstum der Beschäftigten.

Die geschätzten Koeffizienten weisen in beiden Schätzungen die gleichen Vorzeichen auf wie auch in der Paneldatenanalyse für Gesamtdeutschland. Der Zusammenhang zwischen den beobachteten und den durch das Modell berechneten Werten der abhängigen Variablen ist mit einem Pseudo-R^2 von 0,533 in Cluster 1 bzw. 0,550 in Cluster 2 auch für die Spezifikation der Teilgebiete gut.

Ein Anstieg des Anteils der hochqualifizierten Beschäftigten (*beschant_hoch*) einer Region um 1% führt c.p. zu einer Erhöhung des Wachstumsfaktors der Beschäftigung in der Region um 0,023% in Cluster 1 und um 0,007% in Cluster 2. In den Regionen von Cluster 1 hat der Anteil der hochqualifizierten Beschäftigten aufgrund der Schätzergebnisse also einen höheren Einfluss auf das Wachstum als in den Regionen von Cluster 2. Zudem ist der Koeffizient für die Variable *beschant_hoch* in der Schätzung für Cluster 2 erst bei einer Irrtumswahrscheinlichkeit von 10% signifikant von Null verschieden. Das macht insofern Sinn, als Cluster 2 auch ostdeutsche Regionen angehören, die trotz eines vergleichsweise hohen Anteils Hochqualifizierter ein sehr geringes Beschäftigungswachstum aufweisen (vgl. Kapitel 2.1.2 und 2.3).

Eine Erhöhung des deflationierten Pro-Kopf-BIP (*bip_defl_pk*) in einer Region um 1% hat c.p. einen Anstieg des Beschäftigungswachstums um 0,070% in Cluster 1 und um 0,023% in Cluster 2 zur Folge. Steigt die Ungleichverteilung des Einkommens gemessen am Gini-Koeffizienten (*gini*) in einer Region um 1%, so folgt daraus zwei Jahre später c.p. in Cluster 1 eine Erhöhung des Beschäftigungswachstums um 0,076% und in Cluster 2 um 0,058%. Für Cluster 1 gilt zusätzlich, dass eine Erhöhung des Anteils der geringqualifizierten Beschäftigten (*beschant_gering*) in einer Region um 1% c.p. zu einem Anstieg des Beschäftigungswachstums um 0,031% führt. Die Beschäftigungsdichte (*beschdichte_bev*), gemessen an der Zahl der Einwohner einer Region, und die Bevölkerungsdichte (*bevdichte*) in Bezug auf die Fläche einer Region haben einen negativen Einfluss auf das Beschäftigungswachstum, so dass eine Erhöhung um 1% c.p. zu einer Verringerung der abhängigen Variablen um 0,048% bzw. 0,020% in Cluster 1 führt. In den Koeffizienten dieser beiden Regressoren spiegelt sich die bereits in Kapitel 4.3.1 festgestellte Konvergenztendenz wieder. Offenbar konvergieren die Regionen zueinander, so dass dicht besiedelte Regionen mit einem hohen Anteil an Erwerbstätigen c.p. einen größeren Rückgang des Beschäftigungswachstums zu verzeichnen haben als gering besiedelte Regionen mit einem geringeren Anteil an Erwerbstätigen.

Auch in diesen beiden Schätzungen gilt, dass die Einbindung der räumlichen Beziehungen signifikant ist und den betragsmäßig höchsten Koeffizienten – für Cluster 1 sogar nahe bei Eins – aufweist. Eine Erhöhung des Beschäftigungswachstums (*beschfaktor*) in den Nachbarregionen führt in beiden Clustern c.p. zu einer starken Erhöhung des Beschäftigungswachstums in der betrachteten Region. Auch hier sind demnach – wie in der Analyse für Gesamtdeutschland – starke Konvergenztendenzen erkennbar. Zu beachten ist, dass für Cluster 2 die gleiche Gewichtungsmatrix Anwendung findet wie in der Analyse für Gesamtdeutschland. Die zeilennormierte Gewichtungsmatrix mit Distanzringen bringt auch hier die besten Ergebnisse. Für Cluster 1 bringt dagegen die Gewichtungsmatrix mit inversen Distanzen bessere Ergebnisse. Diese Matrix scheint für kleinräumigere Analysen, wie die hier ausgewählte Teilregion, besser geeignet zu sein. Das macht insofern Sinn, als in dieser Matrix kein Gewichtungsfaktor zwischen zwei Regionen gleich Null ist, da er stets einer Funktion der Distanz entspricht. Allerdings ist für großräumige Analysen, wie beispielsweise Gesamtdeutschland, nicht anzunehmen, dass Regionen, die ganz im Norden liegen, Einfluss auf Regionen aus dem Süden haben oder umgekehrt. Aus diesem Grund wäre die Gewichtungsmatrix mit inversen Distanzen für Gesamtdeutschland nicht sinnvoll, da alle Elemente der Matrix größer als Null sind. Bei solchen kleinen Gebieten wie Cluster 1 ist dagegen durchaus denkbar, dass zwischen allen Arbeitsmarktregionen Korrelationen bestehen.

4.3.3 Ost- und Westdeutschland

Aufgrund der in Kapitel 2.1.2 festgestellten Divergenzen zwischen den Regionen in West- und denen in Ostdeutschland werden diese zusätzlich zur Analyse für Gesamtdeutschland getrennt voneinander analysiert. Dabei wird die Arbeitsmarktregion Berlin wegen der räumlichen Gegebenheiten den ostdeutschen Regionen zugeordnet.

Auch für diese beiden Schätzungen ergibt die Varianzanalyse Individual- und Zeiteffekte, weshalb die RE-Modelle Anwendung finden.[204] Zur Vermeidung von Heteroskedastie werden aufgrund der Ergebnisse aus Querschnittsanalysen für die entsprechenden Jahre weiterhin logarithmierte Werte verwendet.[205] Die in Kapitel 3.3 vorgestellten Tests weisen alle auch für die eingegrenzten Gebiete Ost- und Westdeutschland das Vorhandensein räumlicher Abhängigkeiten aus. Eine Überprüfung auf räumliche Stationarität ergibt auch für die getrennten Regionen die Ablehnung der Nullhypothese, womit die räumlichen Effekte nicht

[204] Die Ergebnisse der Varianzanalyse sind in Anhang 6 auf S. 141 abgedruckt.

[205] Die Ergebnisse des Jarque-Bera- und des Breusch-Pagan-Tests der entsprechenden Querschnittsschätzungen für Ost- und Westdeutschland sind in Anhang 3 auf S. 140 abgedruckt.

aus einer Nicht-Stationarität der Variablen resultieren.[206] Ferner ist das RESL- dem RESE-Modell aufgrund der berechneten Informationskriterien vorzuziehen. Analog zu den Ergebnissen für Gesamtdeutschland liefert sowohl für Ost- als auch für Westdeutschland die zeilennormierte Gewichtungsmatrix, die auf Entfernungsringen basiert, die besten Resultate. Auch die Lag-Struktur der erklärenden Variablen ergibt sich analog zu der für Gesamtdeutschland. Tabelle 13 zeigt die Schätzergebnisse für Ost- und Westdeutschland:

	Ostdeutschland		**Westdeutschland**	
Abhängige Variable	ln $beschfaktor_t$		ln $beschfaktor_t$	
Pseudo-R^2	0,5636		0,5881	
Variable	Koeffizient	p-value	Koeffizient	p-value
ln $beschant\_hoch_{(t-1)}$			0,0077	0,0002
ln $beschant\_mittel_{(t-1)}$			0,0250	0,0107
ln $bevdichte_{(t-1)}$	-0,0044	0,0507	-0,0023	0,0189
ln $bip\_defl\_pk_{(t-1)}$			0,0270	0,0000
ln $eink\_ph\_pk_{(t-1)}$	0,0536	0,0000		
ln $gini_{(t-2)}$	0,1265	0,0000	0,0688	0,0000
ln $eink\_bmg_{(t-2)}$			-0,0057	0,0000
W*dep.var. (ρ)	0,2600	0,0030	0,3810	0,0000

Tabelle 13: Ergebnisse der Paneldatenanalyse für Ost- und Westdeutschland

Die quadrierte Korrelation zwischen den beobachteten und den durch das Modell berechneten Werten der abhängigen Variablen ist durch das Pseudo-R^2 für beide Schätzungen recht gut. Diejenigen geschätzten Koeffizienten, welche in beiden Modellen enthalten sind, weisen die gleichen Vorzeichen auf. Allerdings sind wesentliche Unterschiede bei der Erklärung des Beschäftigungswachstums zwischen den Modellen für Ost- und Westdeutschland erkennbar. Da sich die Auswahl der signifikanten Variablen sehr stark unterscheidet, wird das Beschäftigungswachstum offenbar von verschiedenen Determinanten beeinflusst. Auffällig ist vor allem, dass die Zusammensetzung der Erwerbstätigen hinsichtlich ihres Qualifikationsniveaus in Ostdeutschland keinen Einfluss auf das Beschäf-

[206] Die Ergebnisse der Querschnittsanalysen, Tests auf räumliche Abhängigkeiten und Stationaritätstests werden an dieser Stelle nicht weiter dargestellt und können bei der Autorin angefragt werden.

tigtenwachstum hat, da die Koeffizienten der entsprechenden Variablen nicht signifikant von Null verschieden sind.

Für Ostdeutschland ist der Koeffizient für die Bevölkerungsdichte (*bevdichte*) bei einer Irrtumswahrscheinlichkeit von 5% gerade nicht mehr signifikant von Null verschieden. Aufgrund der Knappheit der Entscheidung und da die Informationskriterien ohne diese Variable größer werden, wird sie dennoch im Modell belassen. Wie bereits in den vorangegangenen Schätzungen ergibt sich auch hier ein negatives Vorzeichen für den geschätzten Koeffizienten. Steigt die Bevölkerungsdichte in einer Region um 1%, so sinkt der Wachstumsfaktor der Beschäftigung c.p. um 0,004%. Dies entspricht auch in der Größenordnung der Beziehung, die für Gesamtdeutschland gefunden werden konnte. In dem für Ostdeutschland geschätzten Modell hat zudem das Einkommen der privaten Haushalte pro Kopf (*eink_ph_pk*) einen signifikanten Einfluss auf das Beschäftigungswachstum. Steigt diese Größe um 1%, so erhöht sich auch das Wachstum der Beschäftigung analog zu den Überlegungen in Kapitel 4.1 in der Folgeperiode c.p. um 0,054%. Verstärkt sich die Ungleichverteilung des Einkommens (*gini*) in einer Region gemessen am Gini-Koeffizienten um 1%, so erhöht sich das Beschäftigungswachstum zwei Jahre später um 0,127%. Auch die Einbindung der räumlichen Abhängigkeiten ist signifikant, und der geschätzte Koeffizient weist den betragsmäßig größten Koeffizienten auf. Erhöht sich der durchschnittliche Wachstumsfaktor der Beschäftigung in den Nachbarregionen um 1%, dann erhöht sich das Beschäftigungswachstum in der eigenen Region c.p. um 0,260%.

Für Westdeutschland ähneln die Ergebnisse denen für Gesamtdeutschland sehr, allerdings ist zusätzlich der Koeffizient für den Anteil der mittelqualifizierten Beschäftigten (*beschant_mittel*) signifikant von Null verschieden. Sowohl der Anteil Hochqualifizierter (*beschant_hoch*), als auch der Anteil Mittelqualifizierter beeinflussen das Beschäftigungswachstum positiv. Erhöht sich der Anteil Hochqualifizierter (Mittelqualifizierter) um 1%, so steigt das Beschäftigungswachstum zum Folgejahr c.p. um 0,008% (0,025%). Je größer der Anteil der Beschäftigten mit einem qualifizierten Berufsabschluss ist, desto mehr wächst folglich auch die gesamte Beschäftigtenzahl in Westdeutschland. Eine höhere Bevölkerungsdichte (*bevdichte*) hat dagegen einen negativen Einfluss auf das Beschäftigtenwachstum. In Regionen mit einer um 1% erhöhten Bevölkerungsdichte ist das Beschäftigtenwachstum c.p. um 0,002% niedriger. Damit ist dieser Koeffizient dem Betrage nach kleiner als in den Schätzungen für Gesamt- und Ostdeutschland. Erhöht sich das Pro-Kopf-BIP (*bip_defl_pk*) in einer Region um 1%, so ist zur Folgeperiode c.p. mit einem um 0,027% größeren Beschäftigungswachstum zu rechnen. Die beiden für die Verteilung des Einkommens relevanten Variablen haben in dieser Schätzung widersprüchliche Schätzkoeffizienten. Während eine einprozentige Erhöhung des Gini-Koeffizienten (*gini*), also eine Verstärkung der Ungleichverteilung des Einkommens, c.p. zu einem Anstieg des Beschäftigungswachstums um 0,069% führt, sinkt das Beschäftigungswachstum zwei Perioden später bei einer einprozentigen Erhöhung des Anteils der Erwerbspersonen mit einem Einkommen oberhalb der Bemessungsgrundlage (*eink_bmg*) c.p. um 0,006%. Demnach führt also ein hoher Anteil an Personen mit einem sehr hohen Einkommen in einer Region c.p. zu einem Rückgang der Beschäftigung, wogegen sich eine Verstärkung der Ungleichverteilung des Einkommens positiv auf das Beschäftigungswachstum auswirkt. Möglicherweise liegt diese Diskrepanz daran, dass es Regionen gibt, in denen das Einkommensniveau insgesamt viel höher ist als in anderen Regionen. Damit gibt es in Regionen mit einem hohen Einkommensniveau auch vergleichsweise mehr Personen mit einem Einkommen oberhalb der Beitragsbemessungsgrenze, ohne dass sich die Ungleichverteilung des Einkommens tatsächlich verstärkt. Im betrachteten Zeitraum könnte es in solchen „Hochlohnregionen" demnach zu einem Rückgang der Beschäftigung gekommen sein, was zu dem beschriebenen, auf den ersten Blick widersprüchlichen, Schätzergebnis führt. Die räumlichen Abhängigkeiten haben einen sehr großen Erklärungsgehalt. Das Beschäftigungswachstum einer Region steigt c.p. um 0,381%, wenn sich der durchschnittliche Wachstumsfaktor der Beschäftigung in den Nachbarregionen um 1% erhöht.

4.4 Zusammenfassung und Kritik

In diesem Abschnitt wurde das Ziel verfolgt, ökonometrische Paneldatenmodelle für das Wachstum der regionalen Beschäftigung zu entwickeln. Aufgrund der relativ kleinräumigen Abgrenzung ergeben sich dabei räumliche Korrelationen, die bei der Erstellung eines solchen ökonometrischen Modells berücksichtigt werden sollten. Das Wachstum der regionalen Beschäftigung hängt demnach nicht nur von den Einflussgrößen in der eigenen Region ab, sondern auch vom Beschäftigungswachstum in den Nachbarregionen. Dies erscheint vor dem Hintergrund, dass sich Tendenzen auf dem Arbeitsmarkt häufig auf ganze Volkswirtschaften auswirken, durchaus realistisch. Außerdem können Entwicklungen eines großen Unternehmens in einer Arbeitsmarktregion beispielsweise aufgrund von Zulieferbeziehungen angrenzende oder auch weiter entfernte Arbeitsmarktregionen beeinflussen. Die Analyse zeigt damit, dass bei kleinräumigen Untersuchungen die Berücksichtigung von räumlichen Abhängigkeiten durchaus Sinn macht, um Verzerrungen und Inkonsistenzen in den Schätzergebnissen zu vermeiden. Auch die Verwendung von funktional abgegrenzten Regionen, wie in diesem Fall der Arbeitsmarktregionen zur Analyse der regionalen Arbeitsmärkte, schützt nicht vor dem Auftreten räumlicher Abhängigkeiten.

Problematisch in der Anwendung raumstruktureller Panelmodelle ist, dass keine Schätzmethoden für FE-Modelle zur Verfügung stehen, so dass diese von vornherein nicht auf ihre Tauglichkeit überprüft werden können. Solange jedoch keine gültigen Methoden für die Schätzung von FE-Modellen verfügbar sind, ist eine Paneldatenschätzung bei vorliegenden Zeit- bzw. Individualeffekten lediglich mit RE-Modellen möglich. Andererseits weisen räumliche Panelmodelle in der Regel eine Struktur auf, bei der die Querschnittsdimension N sehr groß und die Zahl der betrachteten Perioden T relativ klein ist, was wiederum, wie in Kapitel 3.6.3 erläutertet, gegen die Anwendung des FE-Modells spricht. Da auch der vorliegende Datensatz eine solche Struktur aufweist, in der die Querschnittsdimension die Zeitdimension bei weitem übersteigt, ist die Verwendung des RE-Modells für die betrachtete Fragestellung ohnehin angebracht.

Die Ähnlichkeit der Ergebnisse für Teilregionen, die in den Kapiteln 4.3.2 und 4.3.3 dargestellt werden, mit denjenigen für Gesamtdeutschland aus Kapitel 4.3.1 spricht für die Robustheit und Gültigkeit der Ergebnisse. Allerdings sind die Schätzergebnisse aus einem anderen Grund auch mit Vorsicht zu interpretieren. Der Bereich der räumlichen Ökonometrie stellt teilweise noch nicht alle nötigen Tests, wie beispielsweise zur Annahmenüberprüfung, zur Verfügung.[207] Somit sind sämtliche Ergebnisse unter der Voraussetzung zu betrachten, dass die Modellannahmen gegeben sind.

Die Ergebnisse weisen trotz der angesprochenen theoretischen Probleme eine hohe Stabilität auf. In der Querschnittsanalyse wird stets das gleiche Modell bevorzugt und die Koeffizienten des RESE- und des RESL-Modells weisen die gleichen Vorzeichen auf und ähneln sich zusätzlich in Bezug auf ihre Größenordnung. Auch die Auswahl der signifikanten Variablen sowohl für die Querschnitts- als auch für die Panelschätzung entspricht sich fast. In der Paneldatenanalyse für Gesamtdeutschland haben die Variablen für den Anteil der hochqualifizierten Beschäftigten und für den Anteil der Beschäftigten mit einem Einkommen oberhalb der Bemessungsgrenze zusätzlich zu den Variablen der Querschnittsanalyse einen signifikanten Einfluss.

Bezüglich der verwendeten Variablen stellt sich die Frage, ob alle relevanten Größen in der Schätzung berücksichtigt wurden. Die Analyse beschränkt sich auf Variablen, die die jeweilige Arbeitsmarktregion makroökonomisch kennzeichnen. Dagegen erscheint die Berücksichtigung von Variablen, die beispielsweise die Attraktivität einer Region als Wohnort kennzeichnen, ebenfalls sinnvoll. Ein Beispiel dafür wäre die Kriminalitätsrate in einer Region.[208] Solche Merkmale sind vor allem in Konjunkturphasen, in denen verstärkt Arbeitskräfte gesucht werden, relevant für die Arbeitsplatzwahl. Die Überlegung, solche Variablen in die Analyse einzubeziehen, scheitert jedoch in der Regel an der Datenverfügbarkeit für kleine Regionen wie Kreise bzw. Arbeitsmarktregionen. Die Variablenauswahl erfolgte somit pragmatisch anhand der Datenverfügbarkeit und aufgrund allgemeiner regionalökonomischer Überlegungen.

Die Schätzergebnisse hängen in räumlichen Regressionsmodellen häufig von der Spezifikation der Gewichtungsmatrix ab. Da die Wahl der geeigneten Matrix dem Analysten obliegt, ist an dieser Stelle auch eine Schwachstelle in der Anwendung von räumlichen ökonometrischen Verfahren auszumachen. Ob die gewählte Gewichtungsmatrix den realen Abhängigkeiten tatsächlich am besten

---

[207] Siehe hierzu die Darstellungen in Kapitel 3.7.
[208] Vgl. Chun, 1996, S. 9.

entspricht, lässt sich nicht ohne weiteres überprüfen. In dieser Analyse wurden alle Modelle mit den in Kapitel 3.1.2.1 vorgestellten Gewichtungsmatrizen geschätzt. Die endgültige Entscheidung für die jeweilige Matrix wurde aufgrund der Güte der Schätzergebnisse gefällt. Da sich die Ergebnisse der Schätzungen und der angewendeten Tests bei der Verwendung verschiedener Gewichtungsmatrizen jedoch nicht wesentlich unterscheiden, spricht dies für die Robustheit der Resultate gegenüber der Wahl der Gewichtungsmatrix. Somit ist davon auszugehen, dass die erzielten Ergebnisse valide sind.

In dem identifizierten Modell wird deutlich, dass die Qualifikationen der Beschäftigten eine wichtige Rolle für das Wachstum der Beschäftigung in einer Region spielen. Je größer der Anteil von hochqualifizierten Beschäftigten in einer Region ist, desto höher ist aufgrund der Schätzergebnisse auch das Beschäftigungswachstum. Damit wird die in Kapitel 2.3 aufgestellte These, dass ein größerer Anteil Hochqualifizierter zu mehr Beschäftigungswachstum führt, bestätigt. Allerdings kann dies aufgrund der getrennten Analysen in Kapitel 4.3.3 nur für Westdeutschland als zuverlässiges Ergebnis angesehen werden. Dabei erweisen sich auch die Mittelqualifizierten als ein wichtiger Treiber des Beschäftigungswachstums, womit sich zwar die These aus Kapitel 2.3 bestätigt, empirisch jedoch auf alle Erwerbspersonen mit einem qualifizierten Berufsabschluss erweitert werden muss. Dagegen kann die Relevanz der Qualifikationsniveaus der Beschäftigten für Ostdeutschland empirisch nicht bestätigt werden, da für die entsprechenden Variablen keine signifikanten Koeffizienten geschätzt werden konnten. Damit wird deutlich, dass auch 15 Jahre nach der Wiedervereinigung die Divergenzen zwischen Ost- und Westdeutschland so groß sind, dass eine Analyse für Gesamtdeutschland stets auch durch getrennte Spezifikationen überprüft werden sollte. In dieser Analyse unterscheiden sich die Ergebnisse für die ost- und westdeutschen Regionen drastisch.

Ein weiteres Ergebnis ist, dass lokale Beschäftigungsschocks auch Konsequenzen für benachbarte Regionen haben. Eine massive Kündigungswelle in einer Region wird die Beschäftigung in den Nachbarregionen ebenfalls negativ beeinflussen. Gleichermaßen haben Maßnahmen, die positive Effekte auf einen lokalen Arbeitsmarkt haben, wiederum positive Effekte auf benachbarte Arbeitsmärkte.[209] Für staatliche Interventionen – wie beispielsweise die Rettungsmaßnahmen für kriselnde Unternehmen in der aktuellen Wirtschaftskrise – bedeuten diese Ergebnisse, dass sich auch solche regional begrenzten Maßnahmen über die räumlichen Abhängigkeiten positiv auf weitere Regionen auswirken.

Interessant wäre für weitere Analysen eine Anwendung dynamischer räumlicher Panelmodelle auf die Entwicklung des regionalen Beschäftigtenwachstums. Dabei können Einflüsse modelliert werden, die sowohl zeitlich als auch räumlich verschoben sind. In dieser Arbeit wurde aufgrund der geringen Datenverfügbarkeit in der Zeitdimension von fünf Perioden darauf verzichtet. Würde die Datenverfügbarkeit dabei auf unterjährige Daten ausgeweitet, wäre auch die Betrachtung saisonaler Einflüsse auf die regionalen Arbeitsmärkte möglich. Dann ließen sich zudem genauere Aussagen in Bezug auf die zeitliche Struktur der räumlichen Abhängigkeiten treffen.

Da die Ergebnisse von Kapitel 4 die hohe Relevanz der Qualifikationsstruktur einer Region empirisch belegt, ist im Rahmen dieser Arbeit nun von Interesse, was die Bestimmungsgründe für einen Wechsel in eine andere Arbeitsmarktregion sind. Diese Analyse wird sowohl für die Gesamtzahl der Beschäftigten als auch nach Qualifikationsniveau getrennt durchgeführt. Können dabei Variablen identifiziert werden, aufgrund derer Hochqualifizierte in eine Region wechseln, so lässt sich darauf eine regionale Arbeitsmarktpolitik zur Stärkung der Beschäftigung aufbauen. Dazu wird im folgenden Kapitel 5 zunächst das theoretische Instrumentarium für Zähldatenmodelle dargestellt, an das sich die empirische Analyse in Kapitel 6 anschließt.

---

[209] Vgl. Burgess/Profit, 2001, S. 330.

5 ZÄHLDATENMODELLE

5.1 Grundlagen

Aufgrund der Ergebnisse der Analyse in Kapitel 4, dass die Zusammensetzung der Beschäftigten einen Einfluss auf das Wachstum der Beschäftigung in einer Region hat, ist nun von Interesse, welche Determinanten die Bereitschaft, in eine andere Arbeitsmarktregion zu wechseln, beeinflussen. In der folgenden Analyse soll also die Entwicklung der regionalen Beschäftigung in Hinblick auf die Mobilität der Erwerbstätigen näher untersucht werden. Dazu wird die Zahl der interregionalen Arbeitsplatzwechsel als abhängige Variable im Rahmen von Querschnittsregressionen untersucht. Um die in Kapitel 2.4 aufgezeigten Unterschiede in den Qualifikationsniveaus darstellen zu können und da sich vor allem die Gruppe der Hochqualifizierten als Motor für das Beschäftigungswachstum einer Region herausgestellt hat, erfolgt eine nach Qualifikationsniveaus getrennte Analyse, deren Ergebnisse anschließend miteinander verglichen werden. Da die abhängige Variable in diesem Fall die Anzahl von auftretenden Ereignissen in einem gegebenen Zeitintervall abbildet, sind Zähldatenmodelle anzuwenden, die die besonderen Eigenschaften solcher Regressionsmodelle berücksichtigen.[210] Dabei nimmt die Zählvariable nur nichtnegative Werte aus der Menge der natürlichen Zahlen an und wird durch einen Vektor von unabhängigen Variablen erklärt.

Die Anwendung eines Standard-Regressionsmodells mit Hilfe der KQ-Methode führt in diesem Fall zu inadäquaten Ergebnissen. Eine KQ-Schätzung ignoriert die diskrete Natur der abhängigen Variablen und ermöglicht zudem negative Werte bei der Berechnung der abhängigen Variablen aus den Schätzparametern. Eine Anwendung der KQ-Methode ist daher lediglich dann akzeptabel, wenn der Erwartungswert der abhängigen Variablen sehr hoch ist.[211] Unter bestimmten Voraussetzungen, die in den folgenden Kapiteln erläutert werden, sind die Schätzergebnisse der KQ-Schätzung sogar inkonsistent.[212]

---

[210] Vgl. Dexheimer, 2002, S. 2.
[211] Vgl. Tutz, 2000, S. 252.
[212] Vgl. Winkelmann, 2008, S. 66.

Im folgenden Kapitel werden die für die Analyse relevanten Zähldatenmodelle vorgestellt. Darauf folgt die Erläuterung verschiedener Schätzverfahren, die je nach Datengrundlage anzuwenden sind. Um das beste Modell spezifizieren und die Modellannahmen überprüfen zu können, werden im Anschluss daran verschiedene Beurteilungskriterien erläutert.

5.2 Zähldatenmodelle

5.2.1 Poisson-Regressionsmodell

Das Standardmodell für Zähldaten ist das zu den nichtlinearen Regressionsmodellen gehörende Poisson-Modell. Dieses Modell wird im Folgenden für die Anwendung auf einen Querschnittsdatensatz mit dem Umfang n erläutert. Der erwartete Wert der abhängigen Zählvariablen y_i hängt von dem (1 x K)-Vektor der K erklärenden Variablen $\mathbf{x}_i$ und dem (1 x K)-Vektor der Schätzkoeffizienten $\boldsymbol{\beta}$ ab, woraus sich die Funktion $\mu(\mathbf{x}_i, \boldsymbol{\beta})$ ergibt:[213]

$$E[y_i \mid \mathbf{x}_i] = \mu(\mathbf{x}_i, \boldsymbol{\beta}) \qquad \text{mit} \quad i = 1, 2, \ldots, n. \qquad 5\text{-}1$$

Der erwartete Wert wird in diesem Zusammenhang auch als konditionaler Mittelwert μ bezeichnet. Der Index i steht in dieser Analyse für eine bestimmte Regionenkombination, beispielsweise beschreibt y_1 die Zahl der Arbeitsplatzwechsel von Aachen nach Altötting.[214] Um zu gewährleisten, dass $\mu_i > 0$, also dass die erwarteten Werte der Zählvariablen nicht negativ werden, wird der konditionale Mittelwert μ_i als log-lineares Modell spezifiziert:[215]

$$\ln \mu_i = \mathbf{x}_i^{'} \boldsymbol{\beta} \qquad 5\text{-}2$$

---

[213] Vgl. Cameron/Trivedi, 1998, S. 9.

[214] Die Analyse wird für 150 Regionen durchgeführt, weshalb es n = 22 350 Regionenkombinationen gibt.

[215] Vgl. Greene, 2008, S. 907.

Alternativ wird die Spezifikation häufig als exponentielle Funktion dargestellt:[216]

$$\mu_i = e^{\mathbf{x}_i'\boldsymbol{\beta}} \qquad 5\text{-}3$$

Für das Poisson-Modell wird davon ausgegangen, dass die Ereignisse der Zählvariablen proportional zur Länge des Zeitintervalls auftreten, womit sich die bedingte Wahrscheinlichkeit für die Zählvariable y_i nach der Wahrscheinlichkeitsdichtefunktion der Poissonverteilung bestimmt:[217]

$$f(y_i \mid \mathbf{x}_i) = \frac{e^{-\mu_i}\mu_i^{y_i}}{y_i!} \qquad 5\text{-}4$$

Ein Nachteil bei der Anwendung der Poissonverteilung ist, dass automatisch angenommen wird, dass die konditionale Varianz von y_i ihrem Erwartungswert μ_i entspricht:[218]

$$\mathrm{Var}[y_i \mid \mathbf{x}_i] = E[y_i \mid \mathbf{x}_i] = \mu_i = e^{\mathbf{x}_i'\boldsymbol{\beta}} \qquad 5\text{-}5$$

Diese Bedingung wird als ‚Äquidispersion' bezeichnet und verdeutlicht die restriktive Eigenschaft des Poisson-Modells. Damit diese Anforderung erfüllt ist, müssen die Homogenitätsannahme, dass die Wahrscheinlichkeit für das Auftreten eines Ereignisses über die Zeit konstant ist, sowie die Unabhängigkeitsannahme, dass diese Wahrscheinlichkeit unabhängig vom Eintreten anderer Ereignisse ist, gelten.[219] Die Varianz des Poisson-Modells ist, wie in Gleichung 5-5 erkennbar, von den Regressoren **x** abhängig und somit keine Konstante. Daher ist das Modell in sich heteroskedastisch.[220]

---

[216] Vgl. Cameron/Trivedi, 1998, S. 61.
[217] Vgl. Winkelmann/Zimmermann, 1998, S. 1416.
[218] Vgl. Verbeek, 2008, S. 224f.
[219] Vgl. King, 1989, S. 764.
[220] Vgl. Cameron/Trivedi, 2005, S. 668.

In der Praxis ist die Bedingung der Äquidispersion in den meisten Fällen verletzt, und es liegt – häufig aufgrund unbeobachteter Heterogenität zwischen den Untersuchungseinheiten – Überdispersion vor. Das bedeutet, dass die konditionale Varianz den konditionalen Mittelwert übersteigt.[221] Das seltener auftretende Gegenstück der Unterdispersion beschreibt dagegen den Fall, dass die konditionale Varianz geringer ist als der konditionale Mittelwert. Die Verletzung der Unabhängigkeits- oder Homogenitätsannahme können Gründe für eine zu große Streuung sein. Beispielsweise variiert die Wahrscheinlichkeit für das Auftreten des Ereignisses häufig über die Zeit. So würde man z.B. in einer Phase der wirtschaftlichen Depression eine erhöhte Anzahl von interregionalen Arbeitsplatzwechseln erwarten, da Arbeitnehmer, die ihren Arbeitsplatz verlieren, nicht zwangsläufig in ihrer heimischen Umgebung fündig werden und ihre Arbeitsplatzsuche auf weitere Arbeitsmarktregionen ausdehnen.
Die falsche Annahme der Äquidispersion im Poisson-Modell hat die gleichen Auswirkungen wie die falsche Annahme der Homoskedastie im linearen Regressionsmodell. Die geschätzten Koeffizienten bleiben konsistent, aber die Standardfehler sind verzerrt, womit die Hypothesentests ihre Gültigkeit verlieren. Allerdings kann die Stärke des Effekts auf die Standardabweichung in Zähldatenmodellen sehr viel größer sein. Ein Indikator für das Vorhandensein von Über- oder Unterdispersion ist ein Vergleich des Mittelwerts und der Varianz der abhängigen Zählvariablen. Ist die Varianz geringer als der Mittelwert, verstärkt sich die Unterdispersion durch die Einbeziehung von Regressoren im Poisson-Modell weiter. Übersteigt die Varianz den Mittelwert um mehr als das Doppelte, so ist davon auszugehen, dass auch durch die Einbeziehung von Regressoren noch Überdispersion vorliegt, da in Querschnittsdatensätzen üblicherweise weniger als die Hälfte der Variation in den Daten durch die Regressoren erklärt werden kann.[222] Exakter ist allerdings die Durchführung parametrischer Tests, die in Kapitel 5.4.1 erläutert werden.

Bei vorliegender Überdispersion wird häufig auf Modelle zurückgegriffen, die für die konditionale Varianz der Zählvariablen alternative Funktionen unterstel-

[221] Vgl. Cameron/Trivedi, 2009, S. 555.
[222] Vgl. Cameron/Trivedi, 1998, S. 77.

len. Die Restriktion der Äquidispersion gilt für diese im folgenden Kapitel dargestellten Modelle folglich nicht mehr.

5.2.2 Modelle der Negativen Binomialverteilung

Die Modelle der Negativen Binomialverteilung (NegBin-Modelle) sind bei vorliegender Über- oder Unterdispersion die am häufigsten verwendeten Alternativen zum Poisson-Regressionsmodell.[223] Mit den NegBin-Modellen wird die restriktive Annahme des Poisson-Modells, dass die konditionale Varianz der Zählvariablen ihrem konditionalen Mittelwert entspricht, aufgehoben.

Eine Aufhebung der Annahme der Äquidispersion hat zur Folge, dass die bedingte Varianz

$$\omega_i = \mathrm{Var}[y_i \mid \mathbf{x}_i] \qquad 5\text{-}6$$

nun nicht mehr dem bedingten Mittelwert der Zählvariablen entspricht, sondern als Funktion des Mittelwertes und des sogenannten Dispersionsparameters α spezifiziert wird. In den meisten Fällen wird die konditionale Varianz dabei allgemein wie folgt spezifiziert:[224]

$$\omega_i = \omega(\mu_i, \alpha) = \mu_i + \alpha\mu_i^p \qquad 5\text{-}7$$

Für $\alpha = 0$ gilt, dass $\omega_i = \mu_i$, es tritt also Äquidispersion ein, und das Modell reduziert sich zu dem in Kapitel 5.2.1 vorgestellten Poisson-Modell. Üblicherweise wird die Spezifikation der konditionalen Varianz auf zwei weitere Fälle beschränkt, wobei p ein Parameter ist, der je nach Varianz verschiedene Werte annehmen kann. Für $p = 1$ spricht man von der NegBin1-Varianzfunktion, Gleichung 5-7 vereinfacht sich dabei zu:[225]

---

[223] Vgl. Winkelmann, 2008, S. 134.
[224] Vgl. Cameron/Trivedi, 1998, S. 62-63.
[225] Vgl. Cameron/Trivedi, 1998, S. 63.

$$\omega_i = (1+\alpha)\cdot\mu_i \qquad 5\text{-}8$$

Die konditionale Varianz der Zählvariablen ist für $\alpha > 0$, also Überdispersion, ein Vielfaches (um den Faktor $[1+\alpha]$) des konditionalen Mittelwerts. Für $\alpha < 0$ liegt Unterdispersion vor und die konditionale Varianz ist kleiner als der konditionale Mittelwert.[226] Für die häufiger verwendete NegBin2-Varianzfunktion ist $p = 2$:[227]

$$\omega_i = \mu_i + \alpha\mu_i^2 \qquad 5\text{-}9$$

In beiden Fällen ist die konditionale Varianz für $\alpha > 0$ größer als der konditionale Mittelwert der Zählvariablen und der Dispersionsparameter α ist zu schätzen. Je nach Definition der Varianzfunktion schließen die Modelle verschiedene Formen der Heteroskedastie ein und führen zu verschiedenen Schätzwerten für den (1 x K)-Koeffizientenvektor $\boldsymbol{\beta}$.[228]

Neben den hier vorgestellten Modellen können weitere NegBin-Modelle spezifiziert werden. So wurde beispielsweise ein Modell entwickelt, in dem der Parameter p aus Gleichung 5-7 ebenfalls zu schätzen ist.[229] Allerdings führen solche Weiterentwicklungen bisher nicht zu besseren Ergebnissen als die hier vorgestellten Modelle,[230] weshalb die weiterführenden Modelle im Rahmen dieser Arbeit nicht angewendet werden.

5.2.3 Überblick über die Zähldatenmodelle

Das Poisson-Modell stellt die Basis der Zähldatenmodelle dar. Problematisch ist jedoch die Bedingung des Poisson-Modells, dass die konditionale Varianz dem konditionalen Mittelwert der abhängigen Zählvariablen entspricht. Ist diese Bedingung verletzt, sind die geschätzten Koeffizienten zwar dennoch konsistent,

---

[226] Vgl. Winkelmann/Boes, 2006, S. 286 und 288.
[227] Vgl. Cameron/Trivedi, 1998, S. 63.
[228] Vgl. Dionne/Vanasse, 1992, S. 153.
[229] Vgl. Winkelmann/Zimmermann, 1995, S. 7.
[230] Vgl. Cameron/Trivedi, 1998, S. 113.

die Standardabweichungen sind jedoch verzerrt, und die Signifikanztests verlieren ihre Gültigkeit. Durch die Auflockerung der Restriktion der Äquidispersion können weitere Modelle spezifiziert werden, die verschiedene Definitionen für die Varianzfunktion beinhalten. Die gängigsten sind dabei die der NegBin1- und NegBin2-Regressionsmodelle. Die verschiedenen Modelle unterscheiden sich demzufolge vor allem in der Spezifikation der konditionalen Varianz der Zählvariablen:

Modell	**Konditionale Varianz**
Poisson-Modell	$\mathrm{Var}[y_i \mid \mathbf{x}_i] = \mathrm{E}[y_i \mid \mathbf{x}_i] = \mu_i = e^{\mathbf{x}_i'\boldsymbol{\beta}}$
NegBin1-Modell	$\mathrm{Var}[y_i \mid \mathbf{x}_i] = \mu_i + \alpha\mu_i = (1+\alpha)\cdot\mu_i$
NegBin2-Modell	$\mathrm{Var}[y_i \mid \mathbf{x}_i] = \mu_i + \alpha\mu_i^2 = (1+\alpha\mu_i)\cdot\mu_i$

Tabelle 14: Überblick über die verwendeten Zähldatenmodelle

In Zähldatenmodellen besteht häufig das Problem des übermäßigen Auftretens von Nullen im Datensatz für die abhängige Zählvariable. Für diesen Fall wurden weitere Modelle, wie beispielsweise das Hurdle-Modell entwickelt.[231] Diese Modelle finden dann Anwendung, wenn die im Datensatz vorhandene Anzahl von Nullen die durch das Modell geschätzte Anzahl der Nullen übersteigt. Da dies für den vorliegenden Datensatz nicht der Fall ist, wird auf eine Darstellung der entsprechenden Modelle verzichtet.

5.3 Schätzmethoden für Zähldatenmodelle

5.3.1 Maximum Likelihood-Schätzung (ML-Schätzung)

Da die in Kapitel 5.2 dargestellten Zähldatenmodelle nicht linear sind, wird zur Schätzung die ML-Methode verwendet, die jedoch keine Fehlspezifikation der zugrundeliegenden Verteilungsannahme zulässt. Für das Poisson-Modell gilt folglich, dass sich mit der ML-Schätzung konsistente und asymptotisch effizien-

[231] Für eine Darstellung von Modellen unter übermäßigem Auftreten von Nullen in der Zählvariable siehe z.B. Cameron/Trivedi, 1998, S. 123-128.

te Schätzwerte für den Poisson-ML-Koeffizientenvektor $\boldsymbol{\beta}_{ML\_P}$ bestimmen lassen, wenn die spezifizierte Poissonverteilung der wahren Verteilung der abhängigen Variablen entspricht.[232] Die Schätzwerte $\hat{\boldsymbol{\beta}}_{ML\_P}$ sind dann asymptotisch normalverteilt mit dem Mittelwert $\hat{\boldsymbol{\beta}}$ und der Varianz[233]

$$\mathrm{Var}\left[\hat{\boldsymbol{\beta}}_{ML\_P}\right]=\left(\sum_{i=1}^{n}\mu_i\mathbf{x}_i\mathbf{x}_i^{'}\right)^{-1} \tag{5-10}$$

Liegt Überdispersion vor, führt eine Poisson-ML-Schätzung zwar bei korrekt spezifiziertem konditionalen Mittelwert zu konsistenten Schätzwerten von $\hat{\boldsymbol{\beta}}_{ML\_P}$. Allerdings sind die Standardfehler aufgrund der falschen Verteilungsannahme verzerrt, die Schätzwerte somit nicht mehr effizient und darauf basierende Hypothesentests verlieren ihre Gültigkeit.[234] Um die Restriktion der Äquidispersion zu umgehen, kann die ML-Schätzung auch auf die NegBin-Modelle angewendet werden.

Für eine Schätzung der NegBin-Modelle ist neben den Regressionsparametern $\hat{\boldsymbol{\beta}}_{ML\_NegBin}$ zusätzlich der Dispersionsparameter $\hat{\alpha}$ zu bestimmen. In der Praxis wird in den meisten Fällen das NegBin2-Modell angewendet, da es von allen NegBin-Modellen aufgrund der Zugehörigkeit zur Linearen Exponentialfamilie (LEF)[235] das einzige ist, das robust gegen Fehlspezifikation der Verteilungsannahme ist.[236] Der Schätzer ist dann asymptotisch normalverteilt mit dem Mittelwert $\hat{\boldsymbol{\beta}}_{ML\_NegBin2}$ und der Varianz[237]:

$$\mathrm{Var}\left[\hat{\boldsymbol{\beta}}_{ML\_NegBin2}\right]=\left(\sum_{i=1}^{n}\frac{\mu_i}{1+\alpha\mu_i}\cdot\mathbf{x}_i\mathbf{x}_i^{'}\right)^{-1} \tag{5-11}$$

---

[232] Vgl. Winkelmann, 2008, S. 80.
[233] Vgl. Cameron/Trivedi, 1998, S. 62.
[234] Vgl. Cameron/Trivedi, 2005, S. 670.
[235] Für eine Definition der LEF siehe Gourieroux/Monfort/Trognon, 1984b, S. 682-685.
[236] Vgl. Cameron/Trivedi, 1998, S. 75.
[237] Vgl. Cameron/Trivedi, 1998, S. 72.

Damit ist die Schätzung des Koeffizientenvektors $\hat{\boldsymbol{\beta}}_{ML\_NegBin2}$ konsistent, wenn der konditionale Mittelwert der Zählvariablen korrekt spezifiziert ist und bei Überdispersion effizienter als die ML-Schätzer des Poisson-Modells. Entspricht die Verteilung der abhängigen Zählvariablen tatsächlich der NegBin2-Verteilung, dann können die Koeffizienten $\hat{\boldsymbol{\beta}}_{ML\_NegBin2}$, deren Standardabweichungen und der Dispersionsparameter $\hat{\alpha}$ konsistent geschätzt werden. Ist die Zählvariable nicht negativ binomialverteilt, kommt es jedoch auch bei der ML-Schätzung des NegBin2-Modells zu inkonsistenten Standardfehlerschätzungen aufgrund von inkonsistenten Schätzwerten für $\hat{\alpha}$, da sie dann auf einer Fehlspezifikation der Verteilungsannahme beruhen.[238]

5.3.2 Pseudo-ML-Schätzung (PML-Schätzung)

Wie im vorigen Kapitel erläutert, wird die ML-Schätzung inkonsistent, wenn die Zählvariable nicht der angenommenen Verteilung entspricht. Für die Pseudo-ML-Schätzung (auch Quasi-ML-Schätzung genannt) ist es nicht zwingend notwendig, dass die angenommene Wahrscheinlichkeitsverteilung der der abhängigen Zählvariablen entspricht.[239] Für den Spezialfall, dass die gewählte Wahrscheinlichkeitsverteilung der LEF angehört, wird unabhängig von der tatsächlichen Wahrscheinlichkeitsverteilung der Zählvariablen ein ML-Schätzer konsistent, wenn der konditionale Mittelwert korrekt spezifiziert wird.[240] Die PML-Schätzung ist also robuster gegen eine falsche Annahme der Wahrscheinlichkeitsverteilung der abhängigen Variablen.

Grundlage für die PML-Schätzung ist zunächst das Poisson-Modell.[241] Daher können die ML-Schätzer $\hat{\boldsymbol{\beta}}_{ML\_P}$ für konsistente Schätzungen weiter genutzt werden, auch wenn der datengenerierende Prozess für die abhängige Zählvariable kein Poisson-Prozess ist. Für die verzerrten Standardfehler der ML-Schätzung ist eine Standardfehlerkorrektur notwendig, die im Folgenden erläutert wird.

---

[238] Vgl. Cameron/Trivedi, 1998, S. 74-75.
[239] Vgl. Gourieroux/Monfort/Trognon, 1984b, S. 681.
[240] Vgl. Cameron/Trivedi, 1998, S. 63.
[241] Vgl. Gourieroux/Monfort/Trognon, 1984b, S. 685.

Für die PML-Schätzung wird die korrekte Spezifikation des Poisson-Mittelwertes angenommen, aber die Restriktion der Äquidispersion wird gelockert. Somit ergibt sich ein asymptotisch normalverteilter Koeffizientenvektor $\hat{\boldsymbol{\beta}}_{PML\_P}$ mit dem Mittelwert $\boldsymbol{\beta}$ und der Varianz:[242]

$$\mathrm{Var}\left[\hat{\boldsymbol{\beta}}_{PML\_P}\right]=\left(\sum_{i=1}^{n}\mu_i\mathbf{x}_i\mathbf{x}_i^{'}\right)^{-1}\cdot\left(\sum_{i=1}^{n}\omega_i\mathbf{x}_i\mathbf{x}_i^{'}\right)\cdot\left(\sum_{i=1}^{n}\mu_i\mathbf{x}_i\mathbf{x}_i^{'}\right)^{-1} \qquad \text{5-12}$$

Die Varianz hängt folglich von der angenommenen funktionalen Form der konditionalen Varianz der Zählvariablen ω_i (siehe Gleichung 5-7) ab und ist damit eine Funktion des konditionalen Mittelwerts μ_i und des Dispersionsparameters α. Die Spezifikation dieser Varianzfunktion ist wichtig für die Korrektur der Standardfehler in der PML-Schätzung. Für $\alpha = 0$ nimmt diese Funktion die Varianzfunktion des Poisson-Modells an. Sind die beiden ersten Momente richtig spezifiziert, entspricht die Schätzung der ML-Schätzung des Poisson-Modells (siehe Kapitel 5.3.1). Für den Fall, dass die Varianz der NegBin1-Verteilung angenommen wird, vereinfacht sich die Varianz des zu schätzenden Koeffizientenvektors zu:[243]

$$\mathrm{Var}_{NegBin1}\left[\hat{\boldsymbol{\beta}}_{PML\_P}\right]=(1+\alpha)\cdot\left(\sum_{i=1}^{n}\mu_i\mathbf{x}_i\mathbf{x}_i^{'}\right)^{-1}=(1+\alpha)\cdot\mathrm{Var}\left[\hat{\boldsymbol{\beta}}_{ML\_P}\right] \qquad \text{5-13}$$

wobei $\mathrm{Var}[\hat{\boldsymbol{\beta}}_{ML\_P}]$ der Varianz der Poisson-ML-Schätzung (siehe Gleichung 5-10) entspricht. Der Standard-Schätzer von $\hat{\alpha}$ für die NegBin1-Varianzfunktion ist

$$\hat{\alpha}_{NegBin1}=\frac{1}{n-k}\cdot\sum_{i=1}^{n}\frac{(y_i-\hat{\mu}_i)^2}{\hat{\mu}_i}-1 \qquad \text{5-14}$$

---

[242] Vgl. Cameron/Trivedi, 1998, S. 64.
[243] Vgl. Cameron/Trivedi, 1998, S. 64.

wobei k für eine Freiheitsgradkorrektur aufgrund des Stichprobencharakters eingefügt wird. Der einfachste Weg, mit Über- oder Unterdispersion umzugehen, ist also, mit den Berechnungen der Poisson-ML-Schätzung zu beginnen. Um eine korrekte Varianzmatrix bzw. korrekte Standardabweichungen zu erhalten, wird der Output der ML-Schätzung mit $\left(1+\hat{\alpha}_{NegBin1}\right)$ bzw. $\sqrt{1+\hat{\alpha}_{NegBin1}}$ multipliziert. Wird dagegen die Varianz der NegBin2-Verteilung angenommen, erhält man folgenden Ausdruck:[244]

$$Var_{NegBin2}\left[\hat{\boldsymbol{\beta}}_{PML\_P}\right]=\left(\sum_{i=1}^{n}\mu_i \mathbf{x}_i \mathbf{x}_i'\right)^{-1}\left(\sum_{i=1}^{n}\left(\mu_i+\alpha\mu_i^2\right)\cdot \mathbf{x}_i \mathbf{x}_i'\right)\cdot\left(\sum_{i=1}^{n}\mu_i \mathbf{x}_i \mathbf{x}_i'\right)^{-1} \qquad 5\text{-}15$$

Für die NegBin2-Varianzfunktion ist der Standard-Schätzer für $\hat{\alpha}$ wiederum

$$\hat{\alpha}_{NegBin2}=\frac{1}{n-k}\cdot\sum_{i=1}^{n}\frac{[(y_i-\hat{\mu}_i)^2-\hat{\mu}_i]}{\hat{\mu}_i^2} \qquad 5\text{-}16$$

Da sich Gleichung 5-15 nicht wie Gleichung 5-13 zu einem Produkt der Poisson-Varianz und dem Dispersionsparameter α vereinfachen lässt, ist die Ermittlung der neuen Standardfehler im Fall der NegBin2-Varianz komplexer. Die Varianzmatrix aus Gleichung 5-15 muss nach der Schätzung des Dispersionsparameters mit Gleichung 5-16 neu bestimmt werden.

Die Schätzer der PML-Schätzung sind konsistent und aufgrund der Standardfehlerkorrektur lassen sich statistische Schlussfolgerungen ziehen. Allerdings sind die Schätzer nicht effizient, weshalb im folgenden Kapitel ein weiteres Schätzverfahren zur Schätzung von Zähldatenmodellen bei fehlender Äquidispersion dargestellt wird.

---

[244] Vgl. Cameron/Trivedi, 1998, S. 65.

5.3.3 Quasi-Verallgemeinerte-Pseudo-ML-Schätzung (QVPML-Schätzung)

Im Vergleich zur PML-Schätzung ist die Quasi-Verallgemeinerte-PML-Schätzung effizienter, weil der Dispersionsparameter α vor der Schätzung der Koeffizienten nicht willkürlich festgelegt, sondern aus den Daten bestimmt wird.[245] Damit kann die konditionale Varianz der abhängigen Zählvariablen bereits zur Schätzung der $\hat{\boldsymbol{\beta}}_{QVPML}$ und nicht erst zur Standardfehlerkorrektur verwendet werden.[246] Dies erfolgt auf die gleiche Art wie bei vorliegender Heteroskedastie im linearen Regressionsmodell die vorherige Spezifikation ihrer funktionalen Form zu relativ effizienteren Generalized Least Squares (GLS)-Schätzern führt. Allerdings setzt das auch eine korrekte Spezifikation des konditionalen Mittelwertes und der konditionalen Varianz der Zählvariablen voraus.[247]

Grundlage der QVPML-Schätzung ist ein zweistufiges Verfahren, bei dem zunächst der Dispersionsparameter α nach Gleichung 5-16 ermittelt wird. Dieses konsistent geschätzte $\tilde{\alpha}$ wird dann für die Schätzung des Koeffizientenvektors $\hat{\boldsymbol{\beta}}_{QVPML}$ verwendet.[248] Im zweiten Schritt wird bei der Schätzung von $\hat{\boldsymbol{\beta}}_{QVPML}$ nicht die Log-Likelihood-Funktion der ML-Methode maximiert, sondern man verwendet eine Funktion, die auf einer LEF-Verteilung mit einem Störparameter beruht. Der Störparameter ist in diesem Fall der geschätzte Dispersionsparameter $\tilde{\alpha}$.[249]

Üblicherweise wird das NegBin2-Modell als LEF-Modell mit Störparameter verwendet. Die Schätzer sind dann asymptotisch normalverteilt mit dem Mittelwert **0** und der Varianz[250]

---

[245] Vgl. Cameron/Trivedi, 1986, S. 37.
[246] Vgl. Gourieroux/Monfort/Trognon, 1984a, S. 708.
[247] Vgl. Cameron/Trivedi, 1998, S. 32-33.
[248] Vgl. Dionne/Vanasse, 1992, S. 155.
[249] Vgl. Gourieroux/Monfort/Trognon, 1984b, S. 689.
[250] Vgl. Cameron/Trivedi, 1998, S. 73.

$$\mathrm{Var}\left[\hat{\boldsymbol{\beta}}_{QVPML\_NegBin2}\right]=\left(\sum_{i=1}^{n}\frac{\mu_i}{1+\alpha\mu_i}\cdot\mathbf{x}_i\mathbf{x}_i'\right)^{-1} \quad 5\text{-}17$$

Der Koeffizientenvektor $\hat{\boldsymbol{\beta}}_{QVPML\_NegBin2}$ kann effizient geschätzt werden, wenn die tatsächliche Verteilung der abhängigen Zählvariablen der NegBin2-Verteilung entspricht, auch wenn $\tilde{\alpha}$ nicht der effiziente Schätzer für den Dispersionsparameter α ist. Dann entspricht die Varianz von $\hat{\boldsymbol{\beta}}_{QVPML\_NegBin2}$ der Varianz des ML-Schätzers des NegBin2-Modells.

5.3.4 Zusammenfassung der Schätzverfahren für Zähldatenmodelle

Eine KQ-Schätzung ermöglicht negative Werte für die abhängige Variable, berücksichtigt ihre diskrete Natur nicht und ignoriert die modellinhärente Heteroskedastie. Folgt der datengenerierende Prozess einer Poissonverteilung, sind die Ergebnisse der KQ-Schätzung sogar inkonsistent, weshalb für Zähldatenmodelle Schätzverfahren angewendet werden, die auf der ML-Methode basieren.[251]

Die ML-Schätzung liefert dann konsistente und effiziente Ergebnisse, wenn die Verteilung der abhängigen Variablen der gewählten Verteilung entspricht. Liegt Über- oder Unterdispersion vor, ist eine ML-Schätzung des NegBin-Modells konsistent und effizient, wenn die Zählvariable tatsächlich negativ binomialverteilt ist, andernfalls sind die Standardfehler nicht verwendbar. Die ML-Schätzung des Poisson-Modells ist bei Über- oder Unterdispersion verzerrt, weshalb die Standardfehler nicht verwendet werden können. In diesem Fall kann die PML-Schätzung angewendet werden, bei der eine Standardfehlerkorrektur aufgrund einer a priori angenommenen Varianzfunktion durchgeführt wird. Dieses Schätzverfahren hat gegenüber allen anderen den Vorteil, dass es aufgrund der robusten Standardfehler zumindest stets konsistente Schätzergebnisse hervorbringt.[252]

---

[251] Vgl. Winkelmann, 2008, S. 66.
[252] Vgl. Winkelmann/Boes, 2006, S. 289.

Relativ effizienter ist wiederum die QVPML-Schätzung des NegBin2-Modells, da der Dispersionsparameter und somit die Varianz aus den Daten bestimmt wird und nicht erst zur Standardfehlerkorrektur, sondern bereits bei der Schätzung des Koeffizientenvektors verwendet wird. Liegen die geschätzten Werte der Koeffizienten für die ML-Schätzung und die QVPML-Schätzung des NegBin-Modells nahe beieinander, ist dies ein Indiz dafür, dass die Zählvariable tatsächlich negativ binomialverteilt ist und die ML-Schätzung des NegBin-Modells verwendet werden kann. Andernfalls ist die QVPML-Schätzung vorzuziehen, da die Annahme negativer Binomialverteilung verletzt sein könnte und die QVPML-Schätzung robust gegen diese Annahmeverletzung ist.[253]

5.4 Beurteilungskriterien für Zähldatenmodelle

5.4.1 Tests auf Überdispersion und Spezifikationstests

Neben dem in Kapitel 5.2.1 beschriebenen Indikator, der einen Hinweis auf Über- oder Unterdispersion geben kann, gibt es verschiedene Testverfahren für eine statistische Prüfung auf Überdispersion. Auf der Grundlage dieser Tests kann eine Entscheidung getroffen werden, ob das restriktive Poisson-Modell oder ein allgemeineres NegBin-Modell anzuwenden ist. Alle Überdispersionstests prüfen die Annahme der Äquidispersion, dass Gleichung 5-5 (siehe S. 99) gilt, und damit die Nullhypothese, dass in der allgemeinen Varianzfunktion nach Gleichung 5-7 $\alpha = 0$ ist, gegen die Alternativhypothese, dass $\alpha > 0$ ist.[254] Die drei folgenden Tests basieren auf der ML-Schätzung und sind, wie bereits in Kapitel 3.3.2 beschrieben, asymptotisch äquivalent. Der LR- und der Wald-Test werden zusätzlich, analog zum t- und F-Test in der linearen Regressionsanalyse, als Spezifikationstests auf Parametersignifikanz verwendet. Der Test auf Basis einer KQ-Regression legt dagegen die Annahme zugrunde, dass zwischen der Varianz und dem Mittelwert der Zählvariablen eine Regressionsbeziehung besteht.

---

[253] Vgl. Cameron/Trivedi, 1986, S. 43.
[254] Vgl. Cameron/Trivedi, 1998, S. 77-78.

5.4.1.1 LR-Test

Die LR-Teststatistik berechnet sich aus der Differenz der geschätzten Log-Likelihood-Funktionen eines unrestringierten ($\hat{L}_u$) und eines restringierten ($\hat{L}_r$) Modells und ist χ_k^2-verteilt, wobei k der Zahl der Restriktionen entspricht:[255]

$$LR = -2 \cdot \left(\hat{L}_r - \hat{L}_u\right) \sim \chi_k^2 \qquad \text{5-18}$$

Wird für den Überdispersionstest das Poisson-Modell als restringierte Schätzung gegen das unrestringierte NegBin-Modell getestet, nimmt k für die Restriktion, dass $\alpha = 0$ ist, den Wert 1 an. Der LR-Test wird auch als allgemeiner Signifikanztest verwendet, wobei sich k dann aus der Anzahl der zusätzlich aufgenommenen Regressoren im unrestringierten Modell ergibt. Um die Signifikanz aller Parameter gemeinsam zu testen (analog zum F-Test im klassischen linearen Regressionsmodell), wird die Log-Likelihood-Funktion des zu testenden Modells mit der eines Modells verglichen, das nur eine Konstante enthält und damit das restringierte Modell verkörpert.

5.4.1.2 Wald-Test

Der Wald-Test überprüft die Signifikanz einzelner Regressoren analog der t-Statistik in der linearen Regressionsanalyse. Für eine Überprüfung des Koeffizienten $\hat{\beta}_j$ berechnet sich die Teststatistik aus:[256]

$$W = \frac{\hat{\beta}_j}{\sqrt{Var[\hat{\beta}_j]}} \sim NV(0,1) \qquad \text{5-19}$$

Die Nullhypothese H_0: $\hat{\beta}_j = 0$ ist abzulehnen, wenn der berechnete Wert größer ist als der Wert der zweiseitigen, standardnormalverteilten Prüfgröße.

---

[255] Vgl. Winkelmann, 2008, S. 113.
[256] Vgl. Cameron/Trivedi, 1998, S. 47.

Für den Wald-Test wird lediglich das unrestringierte Modell geschätzt. Wird der Wald-Test zur Überprüfung auf Überdispersion verwendet, handelt es sich um einen rechtsseitigen Signifikanztest, da nur auf Über- und nicht auf Unterdispersion getestet wird. Zum Testen der Nullhypothese $H_0: \alpha = 0$ gegen die Alternativhypothese $H_1: \alpha > 0$ wird in Gleichung 5-19 der Parameter $\hat{\beta}_j$ durch $\hat{\alpha}$ ersetzt.

5.4.1.3 LM-Test

Für die auch als Score-Test bezeichnete Überprüfung auf Überdispersion wird lediglich die Schätzung des Poisson-Modells benötigt. Getestet wird dabei das Poisson-Modell gegen das NegBin-Modell. Die Prüfgröße[257]

$$LM = \left[\frac{\sum_{i=1}^{n} \left[(y_i - \hat{\mu}_i)^2 - y_i \right]}{\sqrt{2 \cdot \sum_{i=1}^{n} \hat{\mu}_i^2}} \right]^2 \sim \chi_1^2 \qquad \text{5-20}$$

ist unter der Nullhypothese, dass das Poisson-Modell mit der Restriktion der Äquidispersion gültig ist, χ^2-verteilt mit einem Freiheitsgrad. $\hat{\mu}_i$ ist dabei der geschätzte Erwartungswert des Poisson-Modells.

5.4.1.4 Test auf Basis einer KQ-Regression

Dieser Test beruht auf der Annahme, dass zwischen der konditionalen Varianz und dem konditionalen Mittelwert der abhängigen Variablen eine Regressionsbeziehung besteht. Dabei werden lediglich die beiden ersten Momente spezifiziert, ohne eine Annahme über die zugrundeliegende Verteilung der Daten zu treffen. Auch dieser Test basiert auf der Restriktion, dass der bedingte Mittelwert und die bedingte Varianz gleich groß sein müssen. Es werden die Hypothesen

---

[257] Vgl. Greene, 2008, S. 911.

$$H_0\colon \mathrm{Var}[y_i \mid \mathbf{x}_i, \boldsymbol{\beta}] = \mu_i \qquad 5\text{-}21$$

$$H_1\colon \mathrm{Var}[y_i \mid \mathbf{x}_i, \boldsymbol{\beta}] = \mu_i + \alpha \cdot g(\mu_i) \qquad 5\text{-}22$$

überprüft. Je nach Spezifikation von $g(\mu_i)$ wird also das Poisson-Modell gegen das NegBin1- ($g(\mu_i) = \hat{\mu}_i$) oder das NegBin2-Modell ($g(\mu_i) = \hat{\mu}_i^2$) getestet.[258] Durch Umformung der Alternativhypothese ergibt sich die Regressionsgleichung

$$\frac{(y_i - \hat{\mu}_i)^2 - y_i}{\hat{\mu}_i} = \alpha \cdot g(\hat{\mu}_i) + \varepsilon_i \qquad 5\text{-}23$$

mit den geschätzten $\hat{\mu}_i$ des Poisson-Modells und den heteroskedastischen Restwerten ε_i.[259] Für die Schätzung dieser Hilfsregression werden demnach lediglich die Schätzwerte $\hat{\mu}_i$ des Poisson-Modells und die Werte der Zählvariablen benötigt. Aufgrund der vorliegenden Heteroskedastie in den Fehlertermen wird der Dispersionsparameter α mit Hilfe einer GLS-Schätzung ermittelt und anschließend mit dem t-Test auf Signifikanz überprüft. Neben der Ablehnung oder Nicht-Ablehnung der Nullhypothese (Äquidispersion) gibt dieser Test auch einen Hinweis auf die Stärke der Über- bzw. Unterdispersion. Für die NegBin1-Varianzfunktion gilt Unterdispersion für $\alpha < 0$, leichte Überdispersion für $0 < \alpha < 1$ und beträchtliche Überdispersion für $\alpha > 1$. Unterdispersion bei der NegBin2-Varianzfunktion wird ebenfalls für $\alpha < 0$ angenommen. Beträchtliche Überdispersion wird für $\alpha\mu_i > 1$ definiert, da der Multiplikator für die Varianz dann $1 + \alpha\mu_i > 2$ werden würde. Leichte Überdispersion wird für alle Werte von α zwischen $-\frac{1}{\mu_i}$ und $\frac{1}{\mu_i}$ definiert.[260] Zur Berechnung des entsprechenden Grenzwertes wird für μ_i der konditionale Mittelwert μ verwendet.

---

[258] Vgl. Cameron/Trivedi, 1990, S. 350f.
[259] Vgl. Cameron/Trivedi, 1998, S. 78.
[260] Vgl. Cameron/Trivedi, 1998, S. 79.

5.4.2 Güte der Schätzung

Da es keine allgemeingültigen Maße für nichtlineare Modelle gibt, werden an dieser Stelle verschiedene Messgrößen vorgestellt, die im Rahmen der folgenden Analyse sinnvoll anwendbar sind. Um die modellinhärente Heteroskedastie von Zähldatenmodellen zu berücksichtigen, werden Pseudo-R^2-Messgrößen verwendet, die auf gewichteten Restwerten aufbauen. Zwei dabei häufig verwendete Gütemaße basieren auf den Pearson- bzw. den Devianz-Residuen.[261] Die R^2-Messgrößen auf der Basis von Pearson-Residuen sind in der empirischen Anwendung jedoch problematisch, da sie negative Werte annehmen und den Wert Eins nicht erreichen können. Zudem kann sich diese Größe auch ohne Freiheitsgradkorrektur verringern, wenn weitere erklärende Variablen aufgenommen werden.[262] Daher wird auf die Anwendung des R^2 auf Basis von Pearson-Residuen verzichtet und das Gütemaß auf Basis von Devianz-Residuen für die verschiedenen Modelle erläutert und angewendet. Darauf folgt die Darstellung des Likelihood-Ratio-Index, der für alle Modelle gleichermaßen berechnet werden kann.

5.4.2.1 Gütemaß auf Basis von Devianz-Residuen

Wenn der datengenerierende Prozess der abhängigen Zählvariablen aus einer LEF stammt, kann man Devianz-Residuen verwenden, die zur Berechnung der R^2-Messgröße dienen.[263] Für das Poisson-Modell wird das Gütemaß wie folgt berechnet:[264]

$$R^2_{Dev,P} = 1 - \frac{\sum_{i=1}^{n} \left[y_i \log\left(\frac{y_i}{\hat{\mu}_i}\right) - (y_i - \hat{\mu}_i) \right]}{\sum_{i=1}^{n} y_i \log\left(\frac{y_i}{\bar{y}}\right)} \qquad 5\text{-}24$$

---

[261] Für eine ausführliche Diskussion von Gütemaßen für Zähldatenmodelle siehe Cameron/Windmeijer, 1996, S. 209-220.

[262] Vgl. Cameron/Windmeijer, 1996, S. 213.

[263] Vgl. Greene, 2008, S. 909.

[264] Vgl. Cameron/Windmeijer, 1996, S. 211.

wobei $\bar{y}$ der berechnete Mittelwert einer Poisson-Schätzung mit einem Absolutglied als einzige erklärende Variable ist. Für das NegBin2-Modell berechnet sich die Messgröße aufgrund von:[265]

$$R^2_{Dev,NegBin2} = 1 - \frac{\sum_{i=1}^{n}\left[y_i \cdot \log\left(\frac{y_i}{\hat{\mu}_i}\right) - \left(y_i + \frac{1}{\hat{\alpha}}\right) \cdot \log\left(\frac{y_i + \frac{1}{\hat{\alpha}}}{\hat{\mu}_i + \frac{1}{\hat{\alpha}}}\right)\right]}{\sum_{i=1}^{n}\left[y_i \cdot \log\left(\frac{y_i}{\bar{y}}\right) - \left(y_i + \frac{1}{\hat{\alpha}}\right) \cdot \log\left(\frac{y_i + \frac{1}{\hat{\alpha}}}{\bar{y} + \frac{1}{\hat{\alpha}}}\right)\right]} \quad \text{5-25}$$

R^2_{Dev} nimmt ausschließlich Werte zwischen Null und Eins an und wird bei Hinzunahme weiterer erklärender Variablen nicht kleiner.

5.4.2.2 Likelihood-Ratio-Index

Der Likelihood-Ratio-Index bildet den Quotienten zwischen der Log-Likelihood-Funktion des geschätzten Modells und der Log-Likelihood-Funktion des Modells mit lediglich einer Konstanten als erklärende Größe. Es handelt sich dabei um ein allgemeines Maß, das sich für alle Modelle mit der gleichen Formel berechnen lässt:[266]

$$R^2_{LRI} = 1 - \frac{\hat{L}_{\hat{\mu}}}{\hat{L}_{\bar{y}}} \quad \text{5-26}$$

Dieser Index kann jedoch auch negative Werte annehmen und den Wert Eins nicht erreichen. Die Interpretation ist daher schwieriger als für R^2_{Dev}.

---

[265] Vgl. Cameron/Windmeijer, 1996, S. 214.
[266] Vgl. Cameron/Windmeijer, 1996, S. 212.

5.5 Modellauswahl und Interpretation der Koeffizienten

Zur Entscheidung zwischen zwei verschiedenen Modellspezifikationen werden neben den in Kapitel 5.4.2 beschriebenen Gütekriterien die Signifikanz der Koeffizienten (siehe Kapitel 5.4.1.1 und 5.4.1.2) und Informationskriterien herangezogen.[267] Das Modell, bei dem die Informationskriterien den niedrigsten Wert ausweisen, ist Modellen mit höheren Werten vorzuziehen.

Zur Interpretation der Koeffizienten stehen verschiedene Möglichkeiten zur Verfügung. Da Zähldatenmodelle nicht linear sind, kann die Stärke des Effekts einer erklärenden Variablen auf die abhängige Variable nicht direkt abgeleitet werden, weil die Koeffizienten keine marginalen Effekte darstellen.[268] Um den absoluten Einfluss eines Regressors $\hat{\beta}_k$ auf den konditionalen Mittelwert zu bestimmen, wird die Funktion des Erwartungswertes der abhängigen Variablen nach x_{ik} differenziert:[269]

$$\frac{\partial E[y_i \mid \mathbf{x}_i]}{\partial x_{ik}} = \hat{\beta}_k \cdot e^{\mathbf{x}_i'\hat{\beta}} \qquad \text{5-27}$$

Der geschätzte Koeffizient wird also mit dem bedingten Mittelwert multipliziert, um den Einfluss einer Änderung von einer Einheit des Regressors x_{ik} auf den Erwartungswert der abhängigen Zählvariablen zu erhalten. Das Vorzeichen des Koeffizienten $\hat{\beta}_k$ gibt an, ob sich der Erwartungswert mit größer werdendem x_{ik} vergrößert oder verkleinert. Diese marginalen Effekte variieren zwischen den Individuen, weshalb es sinnvoll ist, die marginalen Effekte für ein repräsentatives „Durchschnittsindividuum“ zu bilden:[270]

$$\frac{1}{n} \cdot \sum_{i=1}^{n} \frac{\partial E[y_i \mid \mathbf{x}_i]}{\partial x_{ik}} = \frac{1}{n} \cdot \sum_{i=1}^{n} \hat{\beta}_k \cdot e^{\mathbf{x}_i'\hat{\beta}} \qquad \text{5-28}$$

---

[267] Die Berechnung der Informationskriterien erfolgt nach Cameron/Trivedi, 2009, S. 346.
[268] Vgl. Winkelmann/Zimmermann, 1998, S. 1417.
[269] Vgl. Cameron/Trivedi, 2009, S. 562.
[270] Vgl. Winkelmann, 2008, S. 70.

Damit lässt sich die durchschnittliche Änderung der abhängigen Variablen bei einer Erhöhung der erklärenden Variablen x_k um eine Einheit darstellen. Für den Fall einer Poisson-ML- oder -PML-Schätzung vereinfacht sich der Ausdruck zu:[271]

$$\frac{1}{n} \cdot \sum_{i=1}^{n} \frac{\partial E[y_i \mid \mathbf{x}_i]}{\partial x_{ik}} = \hat{\beta}_k \cdot \bar{y} \tag{5-29}$$

Ohne solche zusätzlichen Berechnungen kann der geschätzte Koeffizient $\hat{\beta}_k$ auch direkt als Semi-Elastizität bezeichnet werden, indem er die durchschnittliche relative Änderung des konditionalen Mittelwertes über alle Individuen bei Änderung des Regressors x_k um eine Einheit angibt:[272]

$$\hat{\beta}_k = \frac{\partial E[y_i \mid \mathbf{x}_i]}{\partial x_k} \cdot \frac{1}{E[y_i \mid \mathbf{x}_i]} \tag{5-30}$$

Gehen die erklärenden Variablen in logarithmierter Form in die Schätzung ein, dann sind die geschätzten Koeffizienten als Elastizitäten zu interpretieren.[273] In diesem Fall gibt der Parameter $\hat{\beta}_k$ die prozentuale Änderung des konditionalen Mittelwertes bei Erhöhung des Regressors x_k um ein Prozent an.

Durch die Anwendung der verschiedenen Schätzmethoden und Modelle sowie die Aufnahme verschiedener Kombinationen erklärender Variablen soll anhand dieser Kriterien in Kapitel 6 die Auswahl eines geeigneten Schätzmodells zur Erklärung der interregionalen Arbeitsplatzwechsel in Deutschland erfolgen.

---

[271] Vgl. Cameron/Trivedi, 1998, S. 80.
[272] Vgl. Winkelmann, 2008, S. 70.
[273] Vgl. Winkelmann/Boes, 2006, S. 281.

6 EMPIRISCHE ANALYSE INTERREGIONALER ARBEITSPLATZWECHSEL

6.1 Verwendete Daten

Dieser Teil der Arbeit dient der Analyse der interregionalen Arbeitsplatzwechsel zwischen den deutschen Arbeitsmarktregionen und ihrer Determinanten. Als abhängige Variable wird die Anzahl der Arbeitsplatzwechsel von Region i in Region j im Zeitraum vom 1.1.2000 bis zum 31.12.2004 aus den Daten der IABS04 berechnet ($wechsel_{ij}$). Um zu untersuchen, ob in den Anreizen zu einem Arbeitsplatzwechsel Unterschiede zwischen den Qualifikationsniveaus der Arbeitnehmer bestehen, wird die Anzahl der Arbeitsplatzwechsel aus diesen Daten zusätzlich zu einem Modell für alle interregionalen Arbeitsplatzwechsel insgesamt für die drei Stufen Gering-, Mittel- und Hochqualifizierte berechnet. Die Einteilung erfolgt dabei aufgrund der in der Stichprobe erhobenen Bildungsvariablen, die von Drews[274] um fehlerhafte oder unvollständige Angaben bereinigt wurde. Um die Vergleichbarkeit zu gewährleisten wird die Bildungsvariable der IABS04 den in Kapitel 4 verwendeten Qualifikationsniveaus des Statistischen Bundesamtes[275] wie folgt zugeordnet:

Variable	IABS04
wechsel_gering	1 ohne Berufsausbildung 3 Abitur ohne Berufsausbildung
wechsel_mittel	2 Volks-, Haupt-, Realschule mit Berufsausbildung 4 Abitur mit Berufsausbildung
wechsel_hoch	5 Fachhochschulabschluss 6 Hochschulabschluss

Tabelle 15: Einteilung der IABS04-Bildungsstufen

Nicht berücksichtigt werden die Fälle, in denen die Ausbildung unbekannt ist. Somit werden in der folgenden Analyse vier Modelle geschätzt, um mögliche Unterschiede im Qualifikationsniveau bezüglich der geschätzten Koeffizienten

274 Vgl. Drews, 2006, S. 7-8 als Erweiterung von Fitzenberger/Osikominu/Völter, 2005, S. 9-20.

275 Vgl. Statistisches Bundesamt, 2007.

der Einflussgrößen auf einen überregionalen Arbeitsplatzwechsel zu quantifizieren.

Als erklärende Variable wird zunächst die geographische Entfernung (Luftlinie) zwischen den Zentren der Arbeitsmarktregionen in km verwendet (*distanz*).[276] Damit wird berücksichtigt, dass näher liegende Regionen in Bezug auf die Sprache (für Binnenwanderungen: der Dialekt), die Kultur und die Entfernung zum Bekanntenkreis und zur Familie niedrigere soziale und kulturelle Schranken aufweisen als weit entfernt liegende Regionen. Da die Arbeitsmarktregionen nach ihren jeweiligen Wirtschaftszentren benannt sind, bietet sich die Verwendung dieser Zentren für die Distanzberechnung an.

Als weitere Regressoren dienen, ähnlich zu dem in Kapitel 4 geschätzten Modell, vor allem solche Größen, die die Regionen volkswirtschaftlich charakterisieren. Alle im Folgenden erläuterten erklärenden Variablen gehen als standardisierte Differenzen zwischen Ziel- und Herkunftsregion in die Schätzung ein. Wichtig für die Erklärung der Arbeitsplatzwechsel ist also jeweils der Unterschied in der Ausprägung einer wirtschaftlichen Größe zwischen Ziel- und Herkunftsregion. Für alle Größen wird ein Durchschnittswert für die Jahre von 2000 bis 2004 verwendet, da die Arbeitsplatzwechsel dieser Zeitspanne die abhängige Variable bilden.

Aufgrund des in Kapitel 2.4 beschriebenen Selektionsmodells werden Variablen für die Messung der Lohnverteilung in den Regionen verwendet (*gini*). Diese wurden aus den Daten der IABS04 berechnet. Die Berechnung erfolgt gemäß der Beschreibung in Kapitel 4.1. Analog dazu wird für die Schätzung der interregionalen Arbeitsplatzwechsel auch der Anteil der Personen mit einem Einkommen oberhalb der Bemessungsgrundlage an der Gesamtzahl der in der IABS04 erfassten Arbeitnehmer (*eink_bmg*) auf ihren erklärenden Einfluss hin analysiert. Je größer der Gini-Koeffizient, desto größer ist die Konzentration in der Region und desto größer ist auch der Anreiz für hochqualifizierte Arbeitnehmer, in diese Region zu wechseln. Gleiches gilt auch für den Anteil der Arbeitnehmer mit einem Einkommen oberhalb der Bemessungsgrundlage. Für Geringqualifizierte (*wechsel_gering*) wird erwartet, dass sich dieser Effekt umkehrt

---

[276] Siehe Google Maps, o. J.

und Regionen, in denen das Einkommen gleichmäßiger verteilt ist, attraktiver sind.

Die weiteren in der Analyse verwendeten Regressoren stammen aus der Veröffentlichung „Statistik regional" der Statistischen Ämter des Bundes und der Länder.[277]

Eine in der Analyse berücksichtigte Variable ist die Bevölkerungsdichte einer Region gemessen als Anzahl der gemeldeten Einwohner mit Erstwohnsitz in der jeweiligen Region dividiert durch die Fläche in km² (*bevdichte*). Im Sinne einer volkswirtschaftlichen Betrachtung wird zudem das Bruttoinlandsprodukt pro Kopf zu Marktpreisen in 1.000 Euro als Maß für die in einer Region erbrachte wirtschaftliche Leistung herangezogen (*bip_pk*). Eine weitere interessierende Variable bildet das verfügbare Einkommen der privaten Haushalte einschließlich privater Organisationen ohne Erwerbszweck. Diese Größe wird ebenfalls normiert, indem sie durch die Einwohnerzahl dividiert wird. In der Analyse wird sie folglich als Einkommen der privaten Haushalte pro Kopf verwendet (*eink_ph_pk*). Eine positive Differenz dieser drei Größen sollte einen positiven Einfluss auf die Zahl der Arbeitsplatzwechsel haben, da in diesem Fall der gemessene Wert der Zielregion größer ist als der der Herkunftsregion.

Als Merkmal für den Arbeitsmarkt wird die Arbeitslosenquote bezogen auf die Erwerbspersonen in die Analyse mit einbezogen (*aloq*). Ist die Differenz negativ, so ist die Arbeitslosenquote in der Zielregion niedriger als in der Herkunftsregion, der Arbeitsmarkt ist stabiler und somit attraktiver für wechselwillige Arbeitnehmer. Daher wird für diese Größe ein negatives Vorzeichen erwartet. Weiterhin werden der Quotient aus sozialversicherungspflichtig Beschäftigten und Bewohnern der Regionen (*besch_pk*) sowie der Quotient aus Erwerbstätigen und Bewohnern einer Region (*erw_pk*) als Alternative zur Arbeitslosenquote auf ihren Erklärungsgehalt überprüft. Allerdings ist die Arbeitslosenquote ein besserer Indikator für den Arbeitsmarkt, da sie sich auf die erwerbsfähige Bevölkerung bezieht. Die anderen Größen beziehen sich auf die gesamten Einwohner einer Region. Da es sich dabei um den Anteil der Beschäftigten bzw. Erwerbstätigen handelt, ist für diese beiden Größen von einem positiven Einfluss der Differenz

[277] Siehe Statistisches Bundesamt, 2007.

zwischen Ziel- und Herkunftsregion auf die Wechselwahrscheinlichkeit auszugehen.

Als Indikator für die Wachstumskraft der Regionen werden auch zwei Wachstumsfaktoren in die Analyse aufgenommen. Sie messen die Zu- bzw. Abnahme der Erwerbstätigen (*erw_wf*) und das Wachstum des Bruttoinlandsprodukts zu Marktpreisen (*bip_wf*). Berechnet wurde dazu die Veränderung vom Jahr 2000 zum Jahr 2004.

Als soziale Faktoren werden die Tageseinrichtungen für Kinder und die Anzahl der Schulen herangezogen. Die Tageseinrichtungen für Kinder werden in der Anzahl der verfügbaren Plätze für Kindergartenkinder pro Einwohner angegeben (*kind*). Eine weitere Variable in diesem Zusammenhang enthält die Anzahl aller verfügbaren Kinderbetreuungsplätze in Tageseinrichtungen für Kinder (*kind_alle*).[278] Zudem wird die Anzahl der Schulen pro 1.000 Einwohner für jede Region in der Analyse berücksichtigt (*schul*).[279]

Da auch für den Untersuchungszeitraum eine höhere Binnenmigration von Ost- nach Westdeutschland zu verzeichnen ist, wird eine Dummy-Variable eingeführt, die den Wert 1 annimmt, wenn es sich um einen Arbeitsplatzwechsel von Ost- nach Westdeutschland handelt (*d_ow*).[280] Für diese Variable wird ein positiver Koeffizient erwartet. Zusätzlich wird auch eine Dummy-Variable für die Gegenrichtung auf Signifikanz überprüft. Diese Variable steht somit für Arbeitsplatzwechsel aus einer westdeutschen Arbeitsmarktregion in eine ostdeutsche Arbeitsmarktregion (*d_wo*), weshalb hierfür ein negativer Koeffizient erwartet wird.

Die beschriebenen Variablen werden in Tabelle 16 mit ihrer Skalierung und ihrer erwarteten Wirkungsrichtung im Überblick dargestellt.

---

[278] Diese Variable beinhaltet Kinderkrippen, Kindergärten und Horte.

[279] Es wird die Summe aller Schulen verwendet. Dies beinhaltet: Vorschulen, Grundschulen, Schulartunabhängige Orientierungsstufen, Hauptschulen, Schularten mit mehreren Bildungsgängen, Realschulen, Gymnasien, Integrierte Gesamtschulen, Freie Waldorfschulen, Sonderschulen/Förderschulen, Abendschulen und Kollegs.

[280] Im betrachteten Zeitraum gab es 22.829 Arbeitsplatzwechsel von Ost- nach Westdeutschland. Umgekehrt wechselten 17.789 Erwerbstätige von West- nach Ostdeutschland.

Abhängige Variablen		
$wechsel_{ij}$	Anzahl der Arbeitsplatzwechsel von Region i nach Region j	Modell 1
$wechsel\_gering_{ij}$	Anzahl der Arbeitsplatzwechsel geringqualifizierter Arbeitnehmer von Region i nach Region j	Modell 2
$wechsel\_mittel_{ij}$	Anzahl der Arbeitsplatzwechsel mittelqualifizierter Arbeitnehmer von Region i nach Region j	Modell 3
$wechsel\_hoch_{ij}$	Anzahl der Arbeitsplatzwechsel hochqualifizierter Arbeitnehmer von Region i nach Region j	Modell 4
Erklärende Variablen		
		Erwartete Wirkungsrichtung
distanz	Geographische Entfernung zwischen den Zentren von Ziel- und Herkunftsregion in km	-
Normierte Differenzen zwischen Ziel- und Herkunftsregion, Mittelwert 2000-2004		
aloq	Arbeitslosenquote bezogen auf die Erwerbspersonen	-
besch_pk	Sozialversicherungspflichtig Beschäftigte am Arbeitsort pro Bewohner	+
bevdichte	Anzahl der Einwohner pro km²	+
bip_pk	Bruttoinlandsprodukt pro Kopf in 1.000 Euro	+
eink_bmg	Anteil der Erwerbstätigen mit einem Einkommen oberhalb der Bemessungsgrundlage	+/-
eink_ph_pk	Verfügbares Einkommen der privaten Haushalte in Euro pro Kopf	+
erw_pk	Erwerbstätige pro Einwohner	+
gini	Gini-Koeffizient über alle Einkommen unterhalb der Bemessungsgrundlage	+/-
kind	Verfügbare Plätze für Kindergartenkinder pro Bewohner	+
kind_alle	Verfügbare Kinderbetreuungsplätze in Tageseinrichtungen für Kinder pro Bewohner	+
schul	Schulen pro 1.000 Bewohner	+
Differenz der Wachstumsfaktoren für die Entwicklung von 2000 – 2004		
bip_wf	Wachstumsfaktor des Bruttoinlandsprodukts	+
erw_wf	Wachstumsfaktor der Zahl der Erwerbstätigen	+
Dummy-Variablen		
d_ow	Dummy-Variable für Ost-West-Wanderungen; 1 für Arbeitsplatzwechsel von Ost- nach Westdeutschland, 0 sonst	+
d_wo	Dummy-Variable für West-Ost-Wanderungen; 1 für Arbeitsplatzwechsel von West- nach Ostdeutschland, 0 sonst	-

Tabelle 16: Variablen für die Schätzung regionaler Arbeitsplatzwechsel

Für die Variablen *eink_bmg* und *gini* ist die erwartete Wirkungsrichtung vom Qualifikationsniveau abhängig. Für Hochqualifizierte wird jeweils ein positives Vorzeichen für die geschätzten Koeffizienten erwartet, für Geringqualifizierte dagegen ein negatives.

6.2 Ergebnisse für interregionale Arbeitsplatzwechsel in Deutschland

6.2.1 Gesamtzahl der Arbeitsplatzwechsel

Für die Schätzung der Gesamtzahl der Arbeitsplatzwechsel (Modell 1) ergeben sich zwei verschiedene Spezifikationen, die sich aufgrund der Güte- und Informationskriterien zur Erklärung der abhängigen Variablen eignen.[281] In einer Spezifikation sind die Variablen *distanz* und *bip_pk* signifikant von Null verschieden (Spezifikation A), in einer weiteren die Variablen *distanz* und *aloq* (Spezifikation B). Werden sowohl die Variablen *bip_pk* als auch *aloq* in die Spezifikation aufgenommen, verlieren beide ihre Signifikanz. Dies könnte daran liegen, dass in der Größe *bip_pk* sehr viele Aspekte eines Wirtschaftsraumes enthalten sind, die den Erklärungsgehalt anderer Determinanten unterdrücken können. Alle anderen in Kapitel 6.1 vorgestellten Variablen haben keinen signifikanten Einfluss auf die abhängige Variable und finden in der benutzten Schätzung daher keine Berücksichtigung. Im Folgenden werden beide Spezifikationen dargestellt, da davon auszugehen ist, dass sowohl das Pro-Kopf-BIP als auch die Arbeitslosenquote einen Einfluss auf die interregionalen Arbeitsplatzwechsel haben.

Für sämtliche Kombinationen von erklärenden Variablen übersteigt die konditionale Varianz den konditionalen Mittelwert der erklärenden Zählvariablen, und es liegt Überdispersion vor. Der LR-, der Wald- und der LM-Test lehnen die Nullhypothese der Äquidispersion stets mit einem p-value von Null ab. Der Test auf Basis einer KQ-Regression lehnt sowohl mit einem NegBin1- als auch mit einem NegBin2-Modell als Alternative die Nullhypothese ab. Die geschätzten Koeffizienten der Hilfsregressionen von 154,960 (Spezifikation A) bzw. 747,566 (Spezifikation B) für die Annahme einer NegBin1-Varianz in der Al-

[281] Sämtliche Schätzungen für Kapitel 6 wurden mit Stata 10.0 durchgeführt.

ternativhypothese weist auf beträchtliche Überdispersion hin. Wird die NegBin2-Varianzfunktion in der Alternativhypothese angenommen, ergibt sich ein Koeffizient von 0,781 (Spezifikation A) bzw. 0,995 (Spezifikation B), was unter Berücksichtigung der bedingten Mittelwerte aus Tabelle 18 ebenfalls auf beträchtliche Überdispersion hinweist ($\alpha\mu > 1$, siehe Kapitel 5.4.1.4). Somit sind die Standardfehler der Poisson-ML-Schätzung verzerrt. Die abhängige Zählvariable ist zudem offenbar nicht poissonverteilt, wie ein Vergleich der geschätzten mit der tatsächlichen Verteilung zeigt. Dabei werden die tatsächlichen Auftrittshäufigkeiten der Ausprägungen der Zählvariablen mit den geschätzten Verteilungen aufgrund des Poisson- bzw. des NegBin2-Modells verglichen.[282] Je geringer die Abweichung, desto besser passt sich das Modell an den tatsächlichen Datensatz an. In Tabelle 17 ist die Summe der Differenzen zwischen den realen Auftrittswahrscheinlichkeiten und der durch das jeweilige Modell geschätzte Auftrittswahrscheinlichkeit für die abhängige Variable $y = 0, \ldots, n$ dargestellt.

Modell 1	**Summe aller Differenzen**
Poisson	0,3097
NegBin2	**0,1618**

Tabelle 17: Wahrscheinlichkeitsanpassung des Poisson- und des NegBin2-Modells an die Verteilung der abhängigen Zählvariablen[283]

Aufgrund der Informationskriterien ergibt sich, dass die QVPML-Schätzung des NegBin2-Modells die besten Ergebnisse zur Erklärung der interregionalen Arbeitsplatzwechsel in Deutschland liefert. Da sich die geschätzten Koeffizienten von denen der ML-Schätzung des NegBin2-Modells unterscheiden, wird dieses Schätzverfahren vorgezogen. Beispielsweise ist in Spezifikation A der Koeffizient für die Variable *distanz* in der QVPML-Schätzung dem Betrage nach um fast 10% größer als in der ML-Schätzung. Für das Pro-Kopf-BIP übertrifft der Koeffizient der QVPML-Schätzung den der ML-Schätzung sogar um 50%.[284] In Tabelle 18 sind die Ergebnisse der QVPML-Schätzung für beide Spezifikatio-

282 Vgl. Cameron/Trivedi, 2009, S. 565.

283 Für die Wahrscheinlichkeitsanpassung an die konkreten Ausprägungen der abhängigen Zählvariablen siehe Anhang 8, S. 143.

284 Siehe Anhang 9, S. 144.

nen dargestellt. Die Distanz zwischen den Zentren der Arbeitsmarktregionen ist stets negativ und hoch signifikant. In Spezifikation A ist zusätzlich das Pro-Kopf-BIP signifikant von Null verschieden, wogegen in Spezifikation B zusätzlich die Arbeitslosenquote einen Erklärungsgehalt für die abhängige Variable besitzt.

Modell 1	**Spezifikation A**		**Spezifikation B**	
	Koeffizient	**p-value**	**Koeffizient**	**p-value**
constant	4,1531	0,0000	4,1543	0,0000
distanz	-0,0061	0,0000	-0,0061	0,0000
aloq			-0,0073	0,0020
bip_pk	0,0088	0,0001		
ln α				
constant	1,1315	0,0000	1,1308	0,0000
distanz	0,0011	0,0000	0,0011	0,0000
aloq			0,0089	0,0000
bip_pk	-0,0080	0,0000		
Bedingter Mittelwert	8,863		8,866	
Pseudo-R^2	0,361		0,361	
R^2_{Dev}	0,322		0,321	
R^2_{LRI}	0,424		0,423	
Akaike	120826,2		120812,5	
Bayes	120874,3		120860,6	

Tabelle 18: Ergebnisse der Zähldatenschätzung für die gesamten interregionalen Arbeitsplatzwechsel von 2000 bis 2004

Die quadrierte Korrelation der geschätzten und der tatsächlichen Werte der abhängigen Zählvariablen ist mit 0,361 für einen Querschnittsdatensatz relativ gut.[285] Auch die anderen beiden Gütemaße, R^2_{Dev} und R^2_{LRI}, weisen einen mittleren Erklärungsgehalt auf und weichen für die beiden Spezifikationen nur geringfügig voneinander ab. Die Informationskriterien weisen für beide Spezi-

[285] Vgl. Cameron/Trivedi, 2009, S. 560.

fikationen ähnliche Werte auf, weshalb an dieser Stelle keine endgültige Entscheidung für eines der beiden Modelle getroffen werden kann.

Die geschätzten Koeffizienten können als Semi-Elastizitäten interpretiert werden. Bei einer um einen km größeren Distanz zwischen zwei Arbeitsmarktregionen ist die Zahl der Arbeitsplatzwechsel in beiden Spezifikationen c.p. um 0,61% niedriger. Steigt die Differenz des Pro-Kopf-BIP zwischen zwei Arbeitsmarktregionen um 1.000 Euro an, so erhöht sich die Anzahl der Arbeitsplatzwechsel nach Spezifikation A c.p. um 0,88%. Je höher also das BIP pro Kopf in einer Region ist, desto mehr Arbeitnehmer werden in diese Region wechseln. Aus Spezifikation B ergibt sich, dass eine Vergrößerung der Differenz der Arbeitslosenquote um einen Prozentpunkt eine Verringerung der Arbeitsplatzwechsel um 0,73% zur Folge hat. Eine höhere Arbeitslosenquote in der Zielregion führt also zu einer Absenkung der Arbeitsplatzwechsel in diese Region. Umgekehrt werden weniger Arbeitskräfte eine Region verlassen, in der die Arbeitslosenquote gering ist.

In Tabelle 19 sind die marginalen Effekte für beide Schätzungen nach Gleichung 5-28 (S. 116) angegeben. Eine Erhöhung der Distanz um 1 km senkt den konditionalen Mittelwert von 8,863 Arbeitsplatzwechseln c.p. um 0,054 auf 8,809 Arbeitsplatzwechsel. In Spezifikation A gilt zusätzlich, dass eine Erhöhung der Differenz des Pro-Kopf-BIP um 1.000 Euro den konditionalen Mittelwert um 0,078 auf 8,941 Arbeitsplatzwechsel erhöht. Für eine Erhöhung der Differenz der Arbeitslosenquote um einen Prozentpunkt ergibt sich in Spezifikation B dagegen eine Minderung des konditionalen Mittelwertes um 0,064 auf 8,799 Arbeitsplatzwechsel.[286]

Variable	**Spezifikation A**	**Spezifikation B**
distanz	-0,0541	-0,0541
bip_pk	0,0783	
aloq		-0,0643

Tabelle 19: Marginale Effekte für die gesamten Arbeitsplatzwechsel

[286] Hierbei handelt es sich um rechnerische Ergebnisse, die aufgrund der diskreten Natur der Variable ‚Arbeitsplatzwechsel' in der Realität nicht auftreten können, bzw. auf z.B. 1.000 bezogen werden sollten.

Für die Schätzung des Dispersionsparameters α ergibt sich in Tabelle 18, dass die Streuung mit größer werdender Distanz steigt. Je weiter zwei Regionen voneinander entfernt sind, desto größer ist auch die Ungenauigkeit der zu schätzenden Arbeitsplatzwechsel zwischen ihnen. In Spezifikation A sinkt die Streuung mit einer größeren Differenz des Pro-Kopf-BIP, wogegen sie in Spezifikation B mit einer größeren Differenz der Arbeitslosenquote ansteigt.

6.2.2 Arbeitsplatzwechsel nach Qualifikationsniveau

Auch für die nach Qualifikationsniveaus getrennt geschätzten Modelle (Modelle 2 bis 4) ergibt sich für alle Variablen Überdispersion. LR-, Wald- und LM-Test lehnen die Nullhypothese der Äquidispersion deutlich mit einem p-value von Null ab. In Tabelle 20 sind die Ergebnisse des Tests auf Basis einer KQ-Regression dargestellt. Für alle Qualifikationsniveaus ergibt sich bei Verwendung der NegBin1-Varianzfunktion beträchtliche Überdispersion, da alle geschätzten Parameter sehr viel größer als Eins sind. Unter Verwendung der NegBin2-Varianzfunktion ergibt sich für die Spezifikationen für gering- und mittelqualifizierte Arbeitnehmer wegen $\alpha\mu > 1$ (siehe Kapitel 5.4.1.4) beträchtliche Überdispersion, wogegen in der Spezifikation für hochqualifizierte Beschäftigte von leichter Überdispersion auszugehen ist, da der geschätzte Koeffizient für α zwischen $-\mu^{-1} = -1{,}029$ und $\mu^{-1} = 1{,}029$ liegt.

Varianzfunktion	**Geringqualifizierte Modell 2**		**Mittelqualifizierte Modell 3**		**Hochqualifizierte Modell 4**	
	$\hat{\alpha}$	**t-Wert**	$\hat{\alpha}$	**t-Wert**	$\hat{\alpha}$	**t-Wert**
NegBin1	32,9810	8,1901	87,6521	6,9712	22,7542	14,1390
NegBin2	0,7900	81,9610	0,7602	81,6793	0,8990	138,7104
$\hat{\alpha}\hat{\mu}$	1,1910		4,0081		0,8740	

Tabelle 20: Ergebnisse des Tests auf Überdispersion auf Basis einer KQ-Regression

Auch hier bietet sich ein Vergleich der Wahrscheinlichkeiten für das Auftreten verschiedener Ausprägungen der Zählvariablen zwischen den tatsächlichen Werten und den aufgrund des Poisson- bzw. den NegBin-Modellen geschätzten Werten an. In Tabelle 21 sind die Summen der Differenzen zwischen Schätzung und Realität für alle Ausprägungen der Zählvariablen dargestellt. Es wird deutlich, dass sich das NegBin2-Modell für alle Qualifikationsniveaus besser an die Verteilung der abhängigen Zählvariablen anpasst als das Poisson-Modell.

Summe aller Differenzen	**Geringqualifizierte Modell 2**	**Mittelqualifizierte Modell 3**	**Hochqualifizierte Modell 4**
Poisson	0,5141	0,4412	0,6730
NegBin2	**0,0570**	**0,1713**	**0,0692**

Tabelle 21: Wahrscheinlichkeitsanpassung von Poisson- und NegBin2-Modell für verschiedene Qualifikationsstufen an die Verteilung der abhängigen Zählvariablen[287]

Für alle Modelle ist die QVPML-Schätzung den anderen Schätzmethoden vorzuziehen, da Überdispersion vorliegt und sich die Koeffizienten der QVPML- von denen der ML-Schätzung des NegBin2-Modells unterscheiden.[288] Die Ergebnisse der besten Spezifikationen für jedes Qualifikationsniveau sind zum Zweck der Interpretation in Tabelle 22 dargestellt.

Auch für verschiedene Qualifikationsniveaus sind jeweils nur zwei Variablen signifikant von Null verschieden. Die anderen Variablen haben keinen Erklärungsgehalt und werden im Modell daher nicht berücksichtigt. Die quadrierte Korrelation der geschätzten mit den tatsächlichen Werten der abhängigen Zählvariablen ist mit 0,365, 0,379 und 0,249 mäßig hoch. Die anderen beiden Gütemaße weisen einen geringen bis mittleren Erklärungsgehalt auf, wobei die Schätzung für die hochqualifizierten Beschäftigten die geringsten Werte aufweist und die Schätzung für die geringqualifizierten Beschäftigten die höchsten Werte.

Für die verschiedenen Qualifikationsniveaus ist – wie bereits in der Schätzung für die gesamten Arbeitsplatzwechsel in Deutschland – der Koeffizient für die Distanz zwischen den Arbeitsmarktregionen stets signifikant negativ. In jedem Modell ist neben der Distanz und der Konstanten eine weitere Variable signifi-

[287] Für die Wahrscheinlichkeitsanpassung an die konkreten Ausprägungen der abhängigen Zählvariablen siehe Anhang 10, S. 145.

[288] Siehe Anhang 11, Seite 146f.

kant von Null verschieden, jedoch für Hochqualifizierte eine andere als für die beiden anderen Qualifikationsniveaus. Für Gering- und Mittelqualifizierte scheint mit der Arbeitslosenquote eine arbeitsmarktrelevante Größe wichtig zu sein, wogegen für Hochqualifizierte mit dem Pro-Kopf-BIP eine einkommensrelevante Variable einen Erklärungsgehalt für die Wanderungsbewegungen besitzt. Dieser Zusammenhang hat sich bereits in anderen Studien herausgestellt.[289]

	Geringqualifizierte Modell 2		**Mittelqualifizierte Modell 3**		**Hochqualifizierte Modell 4**	
	Koeffizient	**p-value**	**Koeffizient**	**p-value**	**Koeffizient**	**p-value**
constant	2,8088	0,0002	3,7077	0,0000	1,8534	0,0001
distanz	-0,0074	0,0000	-0,0063	0,0000	-0,0058	0,0000
aloq	-0,0024	0,0051	-0,0081	0,0012		
bip_pk					0,0053	0,0440
lnalpha						
constant	1,2367	0,0000	1,1602	0,0000	1,2265	0,0000
distanz	0,0029	0,0000	0,0012	0,0000	0,0035	0,0000
aloq	0,0129	0,0000	0,0088	0,0000		
bip_pk					-0,0080	0,0010
Bedingter Mittelwert	1,508		5,275		0,972	
Pseudo-R²	0,365		0,379		0,249	
R^2_{Dev}	0,263		0,234		0,187	
R^2_{LRI}	0,520		0,478		0,362	

Tabelle 22: QVPML-Schätzergebnisse der Zahl der Arbeitsplatzwechsel für verschiedene Qualifikationsniveaus

Außerdem ist auffällig, dass der Einfluss der Distanz zwischen den Arbeitsmarktregionen für hochqualifizierte Arbeitnehmer dem Betrag nach am geringsten ist. Dies entspricht auch der in Kapitel 2.4 beschriebenen Theorie, dass höher Qualifizierte mobiler sind als weniger Qualifizierte. Die Konstante ist stets positiv und im Modell für die mittelqualifizierten Beschäftigten am größten, für die hochqualifizierten Beschäftigten dagegen am geringsten. Dies liegt an der Verteilung der Gering-, Mittel- und Hochqualifizierten im Datensatz – da der

[289] Vgl. z.B. OECD, 2008, S. 23.

Anteil der Hochqualifizierten am geringsten ist, sind die absoluten Zahlen der Arbeitsplatzwechsel der Hochqualifizierten ebenfalls geringer als bei den am häufigsten vorhandenen Mittelqualifizierten. Die zugehörigen marginalen Effekte der Variablen nach Gleichung 5-28 (S. 116) sind in Tabelle 23 dargestellt.

	Geringqualifizierte	**Mittelqualifizierte**	**Hochqualifizierte**
distanz	-0,0112	-0,0334	-0,0057
aloq	-0,0036	-0,0428	
bip_pk			0,0051

Tabelle 23: Marginale Effekte für die Schätzung der Arbeitsplatzwechsel nach Qualifikationsniveau

Für die geringqualifizierten Beschäftigten ergibt die Schätzung, dass bei einer um einen km größeren Distanz zwischen zwei Arbeitsmarktregionen die Zahl der Arbeitsplatzwechsel c.p. um 0,74% niedriger ist. Dies entspricht einer Reduktion des konditionalen Mittelwertes von 1,508 um 0,011 auf 1,497 Arbeitsplatzwechsel. Steigt die Arbeitslosenquote der Zielregion im Vergleich zur Herkunftsregion um einen Prozentpunkt an, so sinkt die Zahl der Arbeitsplatzwechsel zwischen den beiden Regionen c.p. um 0,24%. Der konditionale Mittelwert sinkt dabei um 0,004 auf 1,504 Arbeitsplatzwechsel.

Die Distanz hat für die mittelqualifizierten Arbeitnehmer einen etwas geringeren Einfluss. Bei einer um einen km größeren Distanz sinkt die Zahl der Arbeitsplatzwechsel c.p. um 0,63%. Der bedingte Mittelwert von 5,275 reduziert sich dann um 0,033 auf 5,242 Arbeitsplatzwechsel. Eine Erhöhung der Arbeitslosenquote in der Zielregion um einen Prozentpunkt senkt die Zahl der Arbeitsplatzwechsel bei konstanter Arbeitslosenquote der Herkunftsregion um c.p. 0,81%, was einer Reduktion des konditionalen Mittelwertes auf 5,232 entspricht. Die Arbeitslosenquote hat bei den mittelqualifizierten Beschäftigten also einen höheren Einfluss auf die Zahl der interregionalen Arbeitsplatzwechsel als bei den geringqualifizierten Arbeitnehmern.

Den geringsten Einfluss hat die Distanz auf die interregionalen Arbeitsplatzwechsel der hochqualifizierten Arbeitnehmer. Ist die Distanz zwischen zwei Arbeitsmarktregionen um einen km höher, so ist die Zahl der Arbeitsplatzwechsel c.p. um 0,58% niedriger. Der bedingte Mittelwert von 0,972 verringert sich dabei um 0,006 auf 0,966 Arbeitsplatzwechsel. Erhöht sich die Differenz des BIP pro Kopf zwischen der Ziel- und der Herkunftsregion um 1.000 Euro, dann steigt die Zahl der interregionalen Arbeitsplatzwechsel c.p. um 0,53%, was eine Erhöhung des konditionalen Mittelwertes auf 0,977 bedeutet.

Die Schätzung des Dispersionsparameters α ergibt in allen drei Spezifikationen, dass die bedingte Varianz mit größer werdender Distanz ansteigt. Je weiter zwei Regionen voneinander entfernt sind, desto größer sind also auch die Schwankungen um den konditionalen Mittelwert. Auch für eine größere Differenz der Arbeitslosenquote steigt die Streuung bei den Schätzungen für die gering- und mittelqualifizierten Beschäftigten. Die Schätzung für die hochqualifizierten Beschäftigten ergibt, dass die bedingte Varianz sinkt, wenn die Differenz des Pro-Kopf-BIP ansteigt. Dies spricht für die hohe Bedeutung der Differenz des Pro-Kopf-BIP für die Hochqualifizierten. Ist der Unterschied zwischen zwei Regionen sehr groß, so lässt sich die Zahl der Wechsel zwischen ihnen also relativ gut aufgrund des Modells bestimmen.

6.3 Zusammenfassung und Kritik

Bei der Analyse der interregionalen Arbeitsplatzwechsel in Deutschland wurden Zähldatenmodelle für die gesamten sowie für die nach Qualifikationsniveau getrennten Arbeitsplatzwechsel spezifiziert. Aufgrund der in allen Ansätzen vorliegenden Überdispersion werden NegBin2-Modelle geschätzt, bei denen der Dispersionsparameter in der Schätzung bestimmt wird. Ein Kritikpunkt dieses Ansatzes ist die pragmatische Bestimmung der für die Schätzung des Dispersionsparameters relevanten Variablen. Da im Fall dieser Analyse alle im Modell signifikanten Variablen auch bei der Schätzung des Streuungsparameters signifikant von Null verschieden waren, gingen sämtliche Größen des Modells auch bei der Bestimmung von α ein.

Die Güte der Schätzungen ist für einen Querschnittsdatensatz im mittleren Bereich. Dies kann ein Indiz dafür sein, dass möglicherweise weitere erklärende Variablen fehlen, die bei der Schätzung nicht berücksichtigt wurden bzw. werden konnten. Wie bereits in der Analyse des regionalen Beschäftigungswachstums konnten außer den Variablen zu Kinderbetreuungsplätzen keine

Größen berücksichtigt werden, die die Attraktivität einer Region als Wohnort kennzeichnen. Stattdessen wurden vor allem arbeitsmarkt- und einkommensrelevante Größen auf ihre Signifikanz hin überprüft, da diese Variablen auch für kleine Regionen, wie die hier verwendeten Kreise zur Berechnung für die Arbeitsmarktregionen, verfügbar sind.

In den geschätzten Modellen wird deutlich, dass die Distanz zwischen Ziel- und Herkunftsregion eine große Rolle für die Zahl der Wechsel spielt, da der Koeffizient dieser Größe in allen Schätzungen signifikant von Null verschieden und negativ ist. In der Entfernungsvariablen schlägt sich zudem auch ein Unterschied zwischen den Qualifikationsniveaus nieder. Wie bereits in Kapitel 2.4 vermutet, verringert sich der negative Einfluss der Distanz auf die Zahl der Arbeitsplatzwechsel – gemessen am absoluten Wert des geschätzten Koeffizienten – mit höherem Qualifikationsniveau. Für geringqualifizierte Beschäftigte spielt die Entfernung daher offenbar eine weitaus größere Rolle als für hochqualifizierte Beschäftigte. Diese Erkenntnisse bestätigen die in Kapitel 2.4 festgestellte divergierende Mobilitätsbereitschaft für die drei betrachteten Qualifikationsniveaus. Daraus ist zu schließen, dass sich durch eine Zunahme der regionalen Mobilität Geringqualifizierter ein Beschäftigungseffekt erzielen ließe. Ursache für die geringere Mobilitätsbereitschaft von Geringqualifizierten kann die fehlende Transparenz des Arbeitsmarktes sein. Auch im Vergleich zu den anderen Qualifikationsniveaus unattraktivere Beschäftigungsbedingungen können Grund für die fehlende Bereitschaft zu einem Wohnortwechsel sein.

Überraschend ist, dass für jede Schätzung neben der Distanz lediglich jeweils eine weitere erklärende Größe aufgenommen werden konnte, alle anderen überprüften Variablen hatten keinen signifikanten Einfluss auf die interregionalen Arbeitsplatzwechsel. Interessant ist, dass für die gering- und mittelqualifizierten Beschäftigten mit der Arbeitslosenquote eine Variable einen Erklärungsgehalt besitzt, die Aussage über den Zustand des Arbeitsmarktes trifft, wogegen für die hochqualifizierten Arbeitnehmer mit dem Pro-Kopf-BIP eine Größe relevant ist, die sich auf die erbrachte wirtschaftliche Leistung der Regionen bezieht. Somit stellt eine höhere Arbeitslosenquote für weniger qualifizierte Arbeitnehmer offenbar ein größeres Hindernis dar als für Hochqualifizierte. Dieses Ergebnis ist konsistent mit der Überlegung in Kapitel 2.3, dass hochqualifizierte Arbeitnehmer aufgrund von beruflichen Netzwerken weniger von allgemeinen Bedingungen der regionalen Arbeitsnachfrage abhängig sind. Für die Dummy-Variable für Arbeitsplatzwechsel von Ost- nach Westdeutschland wurde ein deutlich positiver Koeffizient erwartet. In den empirischen Analysen konnte jedoch kein signifikanter Einfluss auf die abhängige Variable gefunden werden. Vermutlich wird die höhere Anzahl der Arbeitsplatzwechsel von Ost- nach Westdeutschland bereits durch die in Kapitel 2.1.2 dargestellten großen Differenzen in den Arbeitslosenquoten bzw. im Pro-Kopf-BIP abgebildet.

Aufgrund der Ergebnisse ist davon auszugehen, dass strukturstarke Regionen weiteren Zuwachs an Arbeitskräften erfahren werden, da diese in der Regel sowohl ein hohes BIP als auch eine geringe Arbeitslosenquote aufweisen.[290] Dagegen steht die Problematik für strukturschwache Regionen, dass sie aufgrund relativ hoher Arbeitslosigkeit zumindest die mobilen gering- und mittelqualifizierten Arbeitskräfte verlieren und Hochqualifizierte aufgrund der größeren Wirtschaftlichkeit anderer Regionen ebenfalls zur Abwanderung tendieren. Für solche Regionen ist es daher wichtig, andere Einflussfaktoren zu finden, die die Attraktivität als Arbeitsmarktregion erhöhen. Eine Möglichkeit könnte das Etablieren von Nischenmärkten sein, in denen eine Spezialisierung in einer Form erfolgt, die zur Erhöhung der Wettbewerbsfähigkeit der Region beiträgt.

Weitere Erkenntnisse könnte eine Analyse der Arbeitsplatzwechsel mit den absoluten Größen der Ziel- und Herkunftsregionen bringen. Im Rahmen dieser Arbeit wurde mit normierten Differenzen der Erklärungsgrößen gearbeitet. Bei diesem Ansatz wird die Differenz zwischen Ziel- und Herkunftsregion als bestimmender Faktor für einen Arbeitsplatzwechsel angesehen. Werden die Größen jeweils für Ziel- und Ursprungsregion getrennt in der Analyse auf ihren Einfluss hin überprüft, könnten sich weitere Erkenntnisse bezüglich der Wechselmotivation von Beschäftigten ergeben.

[290] Der Korrelationskoeffizient zwischen dem Pro-Kopf-BIP und der Arbeitslosenquote beträgt -0,788.

7 SCHLUSSBEMERKUNGEN

Vor dem Hintergrund der zunehmenden Bedeutung regionaler Märkte aufgrund der Globalisierung steigt die Relevanz regionalökonomischer Analysen erheblich. Die Besonderheit der deutschen Wiedervereinigung und der damit verbundenen Eingliederung der ostdeutschen Regionen führte zu enormen regionalen Disparitäten in Deutschland und der Frage, wie ein Konvergenzprozess angestoßen werden kann, um diese Divergenzen ausgleichen zu können. Auch im in dieser Analyse betrachteten Zeitraum von 2001 bis 2006 sind die regionalen Unterschiede deutlich erkennbar. Nicht nur im Ost-West-Vergleich, auch von Süden nach Norden ist ein Gefälle in der Wirtschaftskraft der deutschen Arbeitsmarktregionen festzuhalten.

Die Beschäftigung bildet einen wichtigen Bestandteil der ökonomischen Entwicklung einer Region, was eine Analyse ihrer Determinanten im regionalen Kontext erforderlich macht. Dies war Ziel der vorliegenden Arbeit, die sich aus zwei empirischen Analysen zusammensetzt, um verschiedene, die regionalen Arbeitsmärkte betreffende, Fragestellungen zu untersuchen.

Ein wichtiger Aspekt ist dabei zunächst die Definition der betrachteten Regionen. Bisherige Veröffentlichungen beruhen in der Regel auf administrativen Einheiten, wie z.B. Kreisen oder Bundesländern. Diese Abgrenzung ist jedoch aufgrund der Fragestellung, die sich auf regionale Arbeitsmärkte bezieht, nicht sinnvoll. In der vorliegenden Analyse wurden deshalb speziell abgegrenzte Arbeitsmarktregionen verwendet, um störende Einflüsse durch eine ungeeignete Regionsabgrenzung zu vermeiden.

In der ersten Analyse wurden in Kapitel 4 räumliche Panelanalysen durchgeführt, die die Determinanten des regionalen Beschäftigungswachstums unter Berücksichtigung räumlicher Abhängigkeiten bestimmen. Als zentrales Ergebnis der Analyse bleibt festzuhalten, dass die regionale Entwicklung der Erwerbstätigkeit in Deutschland durch enorme räumliche Wachstumsabhängigkeiten gekennzeichnet ist. Das Resultat kann als sehr robust gegenüber einer Fehlspezifikation der räumlichen Gewichtung eingeschätzt werden. Es lassen sich deutliche Hinweise für einen Einfluss der räumlichen Distanz auf die Intensität der Wachstumsabhängigkeiten ermitteln. Die räumliche Nähe ist für die Abhängigkeiten des Beschäftigungswachstums somit von großer Bedeutung. Auch ist das erzielte Resultat robust gegenüber einer Eingrenzung auf Teilgebiete in Deutschland. Lediglich für Ostdeutschland gilt zwar ebenfalls, dass die räumlichen Abhängigkeiten sehr stark sind, allerdings unterscheiden sich die für die Entwicklung des Beschäftigungswachstums relevanten Variablen von denen für das restliche Bundesgebiet. Wichtige Determinanten für die Entwicklung der Beschäftigung der Regionen in Westdeutschland sind neben den räumlichen Abhängigkeiten die Zusammensetzung der Beschäftigten in Bezug auf ihr Qualifikationsniveau, die Bevölkerungsdichte der Region, das Pro-Kopf-BIP sowie Variablen zur Verteilung des Einkommens auf die Bevölkerung. Dieses Ergebnis zeigt, dass die Qualifikationsstruktur der Beschäftigten zumindest für die westdeutschen Regionen einen signifikanten Einfluss auf das gesamte Beschäftigungswachstum hat. Um den Arbeitsmarkt zu stärken, sollten Regionen also ihre Attraktivität für Hochqualifizierte erhöhen. Für die ostdeutschen Regionen ist eher ein hohes Pro-Kopf-Einkommen ein Motor für den Arbeitsmarkt. Signifikante Variablen sind die Bevölkerungsdichte einer Region, der Gini-Koeffizient als Maß für die Verteilung des Einkommens sowie das verfügbare Pro-Kopf-Einkommen der privaten Haushalte. Diese Größen lassen sich durch regionalpolitische Maßnahmen nur begrenzt beeinflussen.

Eine Untersuchung der Bestimmungsgründe von Wanderungsentscheidungen erfolgt in der zweiten Analyse (Kapitel 6). Dabei wird deutlich, dass die Distanz zwischen der Ziel- und der Herkunftsregion die herausragende Determinante ist. Da sich in der vorherigen Analyse die Zusammensetzung der Erwerbstätigen in Bezug auf ihr Qualifikationsniveau als ein wichtiger Einflussfaktor für das Wachstum einer Region herausgestellt hat, wird diese Analyse zusätzlich nach dem Bildungsniveau getrennt durchgeführt. Damit kann herausgefunden werden, welche unterschiedlichen Beweggründe für einen interregionalen Arbeitsplatzwechsel für die verschiedenen Qualifikationsniveaus bestehen. Je weiter die Regionen voneinander entfernt sind, desto weniger attraktiv ist es, in die Zielregion zu wechseln. Der Einfluss der Entfernung variiert allerdings für die verschiedenen Qualifikationsniveaus. Je höher der höchste erworbene Bildungsgrad, desto geringer ist der hemmende Einfluss der Distanz. Dies ist ein Hinweis auf die größere Mobilität hochqualifizierter Erwerbstätiger. Weiterhin ist ein höheres

Pro-Kopf-BIP in der Zielregion als in der Herkunftsregion für Hochqualifizierte eine Veranlassung für einen interregionalen Arbeitsplatzwechsel. Eine große Wirtschaftskraft ist damit eine Voraussetzung, um hochqualifizierte Arbeitskräfte in eine Region zu locken. Für die anderen Qualifikationsniveaus ist die Arbeitsmarktsituation wichtiger. So ist eine vergleichsweise geringe Arbeitslosenquote in der Zielregion neben der Entfernung von Ziel- und Herkunftsregion der bestimmende Faktor für einen interregionalen Arbeitsplatzwechsel. Dieses Ergebnis macht insofern Sinn, als Hochqualifizierte in der Regel einen besseren Überblick über den Arbeitsmarkt haben und somit mobiler und weniger vom aktuellen Arbeitsmarktgeschehen abhängig sind. Dagegen ist für Geringqualifizierte der Arbeitsmarkt schwerer überschaubar, was sich in einem größeren geschätzten Koeffizienten für die Distanz niederschlägt. Hinzu kommt, dass die Arbeitsplatzangebote für Geringqualifizierte in der Regel finanziell nicht so attraktiv sind, dass ein Wohnortwechsel in Betracht kommt. Überraschend ist allerdings, dass keine weiteren Variablen einen signifikanten Erklärungsbeitrag liefern konnten. Vor allem für die Dummy-Variable für Arbeitsplatzwechsel von Ost- nach Westdeutschland wurde ein deutlich positiver Koeffizient erwartet, konnte im betrachteten Zeitraum empirisch jedoch nicht bestätigt werden.

In den Ergebnissen wird ein Problem für die Entwicklungspolitik strukturschwacher Regionen deutlich: Ein hoher Anteil Hochqualifizierter führt zu einem Wachstum der Beschäftigung und damit zu vermehrter Wirtschaftskraft in einer Region. Dagegen sind jedoch für eben diese Hochqualifizierten offenbar genau jene Arbeitsmarktregionen interessant, die bereits eine große Wirtschaftskraft aufweisen. Für strukturschwache Regionen bleiben, wie die erste Analyse zeigt, Überschwappeffekte aus benachbarten Regionen mit hoher Wirtschaftskraft. Weitere Möglichkeiten zur Stärkung der eigenen Wirtschaftsstruktur bieten beispielsweise auch die Etablierung von besonderen Wirtschaftszweigen und die Stärkung der häufig in peripheren Regionen stark verwurzelten mittelständischen Betriebe.[291] Diese Zusammenhänge können ein Erklärungsansatz dafür sein, warum die ostdeutschen Regionen 15 Jahre nach der Wiedervereinigung strukturwirtschaftlich gesehen immer noch weit hinter westdeutschen Regionen zurück liegen. Der Anteil Hochqualifizierter hat in den ostdeutschen Regionen

---

[291] Vgl. Rohr-Zänker, 1998, S. 27.

keinen signifikanten Einfluss auf das Wachstum der Beschäftigung. Diffusionseffekte aus benachbarten Regionen können national gesehen zunächst nur dort stattfinden, wo Anknüpfungspunkte zu westdeutschen Regionen bestehen, deren Arbeitsmarktstruktur stabiler ist als die in den ostdeutschen Arbeitsmarktregionen. Handlungsempfehlungen für strukturschwache Regionen lassen sich nur schwer ableiten, da die Variablen mit signifikantem Erklärungsgehalt nur eingeschränkt durch die Regionen beeinflusst werden können. Allerdings gilt dies unter dem Gesichtspunkt, dass weitere potentielle Einflussgrößen, beispielsweise weiche Standortfaktoren wie die Attraktivität einer Region, nicht für kleinräumige Abgrenzungen verfügbar oder nicht konkret messbar sind und damit nicht in den Analysen berücksichtigt werden konnten. Der dargestellte Zusammenhang stellt daher lediglich einen möglichen Erklärungsansatz unter Berücksichtigung der bereits genannten Einschränkungen dar. Eine erweiterte Datenverfügbarkeit könnte detailliertere Ergebnisse und folglich bessere Handlungsempfehlungen für die Regionalpolitik ermöglichen.

ANHANG

Anhang 1: Überschreitungswahrscheinlichkeiten des Jarque-Bera- und des Breusch-Pagan-Tests für Gesamtdeutschland

	2002	2003	2004	2005	2006
	p-value				
KQ-Schätzung mit Ursprungsdaten					
Jarque-Bera-Test	0,1428	0,2590	0,1379	0,2990	0,2207
Breusch-Pagan-Test	0,0092	0,0103	0,0077	0,0054	0,0068
KQ-Schätzung mit logarithmierten Daten					
Jarque-Bera-Test	0,2100	0,1989	0,2493	0,2359	0,3154
Breusch-Pagan-Test	0,4440	0,3840	0,6688	0,5401	0,6279

Die Normalverteilung der Residuen ist in allen Schätzungen gegeben. Bei den Schätzungen mit den Ursprungsdaten liegt Heteroskedastie vor, die durch Logarithmierung der Daten behoben wird.

Anhang 2: Überschreitungswahrscheinlichkeiten des Jarque-Bera- und des Breusch-Pagan-Tests für ausgewählte Regionen

	2002	**2003**	**2004**	**2005**	**2006**
			p-value		
KQ-Schätzung mit Ursprungsdaten					
Cluster 1					
Jarque-Bera-Test	0,2001	0,1706	0,2454	0,1975	0,2297
Breusch-Pagan-Test	0,0140	0,0050	0,0079	0,0104	0,0084
Cluster 2					
Jarque-Bera-Test	0,2407	0,1584	0,2568	0,3011	0,1041
Breusch-Pagan-Test	0,0125	0,0255	0,0042	0,0304	0,0159
KQ-Schätzung mit logarithmierten Daten					
Cluster 1					
Jarque-Bera-Test	0,3011	0,1055	0,2104	0,1818	0,1266
Breusch-Pagan-Test	0,1053	0,1244	0,1371	0,2000	0,1099
Cluster 2					
Jarque-Bera-Test	0,3113	0,2089	0,2247	0,1050	0,2100
Breusch-Pagan-Test	0,1204	0,2308	0,2191	0,1988	0,1770

Die Normalverteilung der Residuen ist in allen Schätzungen gegeben. Bei den Schätzungen mit den Ursprungsdaten liegt Heteroskedastie vor, die durch Logarithmierung der Daten behoben wird.

Anhang 3: Überschreitungswahrscheinlichkeiten des Jarque-Bera- und des Breusch-Pagan-Tests für Ost- und Westdeutschland

	2002	**2003**	**2004**	**2005**	**2006**
			p-value		
KQ-Schätzung mit Ursprungsdaten					
Ostdeutschland					
Jarque-Bera-Test	0,3307	0,1195	0,2044	0,3461	0,2017
Breusch-Pagan-Test	0,0144	0,0171	0,0084	0,0023	0,0200
Westdeutschland					
Jarque-Bera-Test	0,2050	0,1309	0,1587	0,2030	0,3001
Breusch-Pagan-Test	0,0070	0,0209	0,0130	0,0081	0,0110
KQ-Schätzung mit logarithmierten Daten					
Ostdeutschland					
Jarque-Bera-Test	0,1422	0,1591	0,2037	0,2010	0,1745
Breusch-Pagan-Test	0,0841	0,0722	0,1095	0,0852	0,0991
Westdeutschland					
Jarque-Bera-Test	0,3012	0,2841	0,1999	0,2620	0,2371
Breusch-Pagan-Test	0,1058	0,2449	0,1516	0,1322	0,2055

Die Normalverteilung der Residuen ist in allen Schätzungen gegeben. Bei den Schätzungen mit den Ursprungsdaten liegt Heteroskedastie vor, die durch Logarithmierung der Daten behoben wird.

Anhang 4: Überschreitungswahrscheinlichkeiten der Varianzanalyse des Paneldatenmodells für Gesamtdeutschland

	Individualeffekte	Zeiteffekte	Gemeinsame Effekte
p-value	0,0003	0,0010	0,0000

Es liegen sowohl Individual- als auch Zeiteffekte vor.

Anhang 5: Überschreitungswahrscheinlichkeiten der Varianzanalyse der Paneldatenmodelle für ausgewählte Regionen

	Individualeffekte	Zeiteffekte	Gemeinsame Effekte
	p-value		
Cluster 1	0,0051	0,0029	0,0001
Cluster 2	0,0002	0,0008	0,0000

Es liegen sowohl Individual- als auch Zeiteffekte vor.

Anhang 6: Überschreitungswahrscheinlichkeiten der Varianzanalyse der Paneldatenmodelle für Ost- und Westdeutschland

	Individualeffekte	Zeiteffekte	Gemeinsame Effekte
	p-value		
Ostdeutschland	0,0070	0,0004	0,0000
Westdeutschland	0,0001	0,0060	0,0002

Es liegen sowohl Individual- als auch Zeiteffekte vor.

Anhang 7: Koeffizienten der RESL-Schätzungen für verschiedene Gewichtungsmatrizen

Gewichtungsmatrix	Binär	Binär normiert	Inverse Distanzen	Inverse Distanzen normiert	Entfernungsringe	Entfernungsringe normiert
Abhängige Variable	ln beschfaktor					
ln beschant_hoch	0,0076 **	0,0071 **			0,0056 **	0,0069 **
ln beschant_mittel			0,0188 *		0,0320 **	
ln beschant_gering						
ln beschdichte_bev						
ln bevdichte	-0,0044 **	-0,0042 **	-0,0023 **	-0,0031 **		-0,0039 **
ln bip_defl_pk	0,0295 **	0,0272 **	0,0249 **	0,0289 **	0,0282 **	0,0258 **
ln eink_bmg	-0,0051 **	-0,0051 **			-0,0045 **	-0,0048 **
ln eink_ph_pk				-0,0118 **		
ln gini	0,0763 **	0,0710 **	0,0627 **	0,0443 **	0,0843 **	0,0666 **
Räumlicher Koeffizient	0,0510 **	0,3130 **	0,9950 **	0,7800 **	0,0650 **	0,3750 **
Pseudo-R^2	0,5547	0,5380	0,4900	0,5039	0,5716	0,6176
Akaike	4459,5374	4433,1886	4493,7216	4574,2669	4389,4675	4367,9198
HannanQuinn	4482,4336	4456,0849	4512,0386	4592,5839	4412,3638	4390,8160
Schwarz	4468,3766	4442,0278	4500,7930	4581,3383	4398,3067	4376,7590

* Mit einer Irrtumswahrscheinlichkeit von 5% signifikant von Null verschieden

** Mit einer Irrtumswahrscheinlichkeit von 1% signifikant von Null verschieden

Anhang 8: Wahrscheinlichkeitsanpassung an Ausprägungen der Zählvariablen für die Gesamtzahl der Arbeitsplatzwechsel

y_i	**Reale Wahrscheinlichkeit**	$\hat{\mu}_{i,\text{Poisson}}$	**Differenz**	$\hat{\mu}_{i,\text{NegBin2}}$	**Differenz**
0	0,386	0,171	0,215	0,428	**0,042**
1	0,158	0,109	**0,049**	0,097	0,062
2	0,086	0,078	**0,008**	0,057	0,029
3	0,054	0,060	**0,006**	0,041	0,013
4	0,041	0,048	**0,007**	0,032	0,009
5	0,028	0,039	0,012	0,026	**0,002**
$\sum_{y_i=0}^{5}$	0,753	0,505	0,298	0,681	**0,157**

Anhang 9: Gegenüberstellung ML- und QVPML-Schätzung

Spezifikation A (*distanz, bip_pk*)				
	ML-Schätzung		**QVPML-Schätzung**	
	Koeffizient	**p-value**	**Koeffizient**	**p-value**
constant	4,028019	0,000	4,153116	0,000
distanz	-0,005698	0,000	-0,006106	0,000
bip_pk	0,005255	0,000	0,008840	0,000
lnalpha	1,439345			
constant			1,131524	0,000
distanz			0,001061	0,000
bip_pk			-0,007966	0,000
Pseudo-R^2	0,325		0,361	
R^2_{Dev}	0,324		0,322	
R^2_{LRI}	0,411		0,424	
Akaike	121077,9		120826,2	
Bayes	121110,0		120874,3	

Spezifikation B (*distanz, aloq*)				
	ML-Schätzung		**QVPML-Schätzung**	
	Koeffizient	**p-value**	**Koeffizient**	**p-value**
constant	4,027915	0,000	4,154265	0,000
distanz	-0,005701	0,000	-0,006108	0,000
aloq	-0,010484	0,000	-0,007258	0,002
lnalpha	1,438823			
constant			1,130837	0,000
distanz			0,001066	0,000
aloq			0,008926	0,000
Pseudo-R^2	0,312		0,361	
R^2_{Dev}	0,317		0,321	
R^2_{LRI}	0,412		0,423	
Akaike	121067,1		120812,5	
Bayes	121099,1		120860,6	

Anhang 10: Wahrscheinlichkeitsanpassung an Ausprägungen der Zählvariablen für Qualifikationsniveaus

Geringqualifizierte					
y_i	**Reale Wahrscheinlichkeit**	$\hat{\mu}_{i,Poisson}$	**Differenz**	$\hat{\mu}_{i,NegBin2}$	**Differenz**
0	0,699	0,448	0,250	0,704	**0,005**
1	0,111	0,160	0,049	0,087	**0,024**
2	0,046	0,086	0,040	0,044	**0,002**
3	0,027	0,056	0,029	0,028	**0,001**
4	0,018	0,040	0,022	0,020	**0,002**
5	0,013	0,031	0,017	0,015	**0,002**
$\sum_{y_i=0}^{5}$	0,915	0,822	0,408	0,898	**0,036**
Mittelqualifizierte					
y_i	**Reale Wahrscheinlichkeit**	$\hat{\mu}_{i,Poisson}$	**Differenz**	$\hat{\mu}_{i,NegBin2}$	**Differenz**
0	0,459	0,243	0,217	0,491	**0,032**
1	0,164	0,132	**0,032**	0,104	0,060
2	0,080	0,087	**0,006**	0,059	0,021
3	0,051	0,063	0,011	0,041	**0,010**
4	0,034	0,048	0,015	0,031	**0,002**
5	0,023	0,039	0,016	0,025	**0,002**
$\sum_{y_i=0}^{5}$	0,812	0,611	0,296	0,752	**0,128**
Hochqualifizierte					
y_i	**Reale Wahrscheinlichkeit**	$\hat{\mu}_{i,Poisson}$	**Differenz**	$\hat{\mu}_{i,NegBin2}$	**Differenz**
0	0,756	0,438	0,318	0,762	**0,006**
1	0,112	0,227	0,114	0,080	**0,033**
2	0,039	0,125	0,086	0,039	**0,000**
3	0,020	0,075	0,055	0,025	**0,004**
4	0,013	0,048	0,035	0,017	**0,004**
5	0,009	0,032	0,023	0,013	**0,004**
$\sum_{y_i=0}^{5}$	0,949	0,944	0,631	0,935	**0,051**

Anhang 11: Gegenüberstellung ML- und QVPML-Schätzung nach Qualifikationsniveaus

Geringqualifizierte				
	ML-Schätzung		QVPML-Schätzung	
	Koeffizient	p-value	Koeffizient	p-value
constant	2,47415	0,000	2,80878	0,000
distanz	-0,00627	0,000	-0,00743	0,000
aloq	-0,00791	0,010	-0,00239	0,005
lnalpha	1,95576			
constant			1,23666	0,000
distanz			0,00285	0,000
aloq			0,01290	0,000
Pseudo-R^2	0,319		0,365	
R^2_{Dev}	0,244		0,263	
R^2_{LRI}	0,506		0,520	
AIC	61588,9		60914,2	
BIC	61620,9		60962,3	

Mittelqualifizierte				
	ML-Schätzung		QVPML-Schätzung	
	Koeffizient	p-value	Koeffizient	p-value
constant	3,57332	0,000	3,70765	0,000
distanz	-0,00590	0,000	-0,00633	0,000
aloq	-0,01072	0,000	-0,00811	0,001
lnalpha	1,47943			
constant			1,16023	0,000
distanz			0,00115	0,000
aloq			0,00884	0,000
Pseudo-R^2	0,373		0,379	
R^2_{Dev}	0,221		0,234	
R^2_{LRI}	0,468		0,478	
AIC	103632,6		103397,4	
BIC	103664,7		103445,5	

Hochqualifizierte				
	ML-Schätzung		**QVPML-Schätzung**	
	Koeffizient	**p-value**	**Koeffizient**	**p-value**
constant	1,48145	0,000	1,85340	0,000
distanz	-0,00450	0,000	-0,00583	0,000
bip_pk	0,00184	0,041	0,00527	0,044
lnalpha	2,12140			
constant			1,22654	0,000
distanz			0,00347	0,000
bip_pk			-0,00802	0,001
Pseudo-R^2	0,209		0,249	
R^2_{Dev}	0,163		0,187	
R^2_{LRI}	0,305		0,362	
AIC	48674,0		47825,4	
BIC	48706,0		47873,5	

LITERATUR- UND QUELLENVERZEICHNIS

Anselin, L. (1988a): Spatial Econometrics: Methods and Models, Dordrecht.

Anselin, L. (1988b): Model Validation in Spatial Econometrics: A Review and Evaluation of Alternative Approaches, International Regional Science Review, 3, 11, S. 279–316.

Anselin, L. (1988c): Lagrange Multiplier Test Diagnostics for Spatial Dependence and Spatial Heterogeneity, Geographical Analysis, 20, S. 1–17.

Anselin, L. (2001): Spatial Econometrics. In: Baltagi, B. H. (Hrsg.): A Companion to Theoretical Econometrics, Oxford, S. 310–330.

Anselin, L. (2003): Spatial Externalities, Spatial Multipliers, and Spatial Econometrics, International Regional Science Review, 26, 2, S. 153–166.

Anselin, L., Florax, R. (1995): Small Sample Properties of Tests for Spatial Dependence in Regression Models: Some Further Results. In: Anselin, L., Florax, R. (Hrsg.): New Directions in Spatial Econometrics, Berlin, S. 21–74.

Anselin, L., Le Gallo, J., Jayet, H. (2008): Spatial Panel Econometrics. In: Mátyás, L., Sevestre, P. (Hrsg.): The Econometrics of Panel Data. Fundamentals and Recent Developments in Theory and Practice, Berlin, S. 625–660.

Arntz, M. (2006a): Ursachen der regionalen Umverteilung von Humankapital in Deutschland, ZEW Wachstums- und Konjunkturanalysen, 4, S. 6-7.

Arntz, M. (2006b): What Attracts Human Capital? Understanding the Skill Composition of Interregional Job Matches in Germany, ZEW Discussion Paper, 05-96.

Bade, F. J., Gaebe, W., Strambach, S. (2003): Arbeitsmarktentwicklung und wissensintensive Dienstleistungen in Dortmund, Dortmund.

Balestra, P. (1996): Introduction to Linear Models for Panel Data. In: Mátyás, L. (Hrsg.): The econometrics of panel data. A handbook of the theory with applications, Dordrecht, S. 23–33.

Baltagi, B. H. (2008): Econometric Analysis of Panel Data, 4. Aufl., Chichester.

Baltagi, B. H., Song, S. H., Jung, B. C., Koh, W. (2007): Testing for serial correlation, spatial autocorrelation and random effects using panel data, Journal of Econometrics, 140, S. 5–51.

Baltagi, B. H., Song, S. H., Koh, W. (2003): Testing panel data regression models with spatial error correlation, Journal of Econometrics, 117, S. 123-150.

Baron, S. (2006): Extrem uneben, Wirtschaftswoche. 03.07.2006, S. 3.

Barro, R. J., Sala-i-Martin, X. (2004): Economic Growth, 2. ed., Cambridge.

Becker, G. S. (1993): Human Capital, 3. ed., Chicago.

Birg, H., Flöthmann, E. J., Heins, F., Reiter, I. (1993): Migrationsanalyse. Forschungen zur Raumentwicklung, 22, Bonn.

Borjas, G. J., Bronars, S. G., Trejo, S. J. (1992): Self-Selection and Internal Migration in the United States, Journal of Urban Economics, 32, S. 159–185.

Bose, S., Steinhardt, A. O. (1996): Invariant Tests for Spatial Stationarity Using Covariance Structure, IEEE Transactions on Signal Processing, 44, 6, S. 1523–1533.

Bundesamt für Statistik (2007): Regionale Abwanderung von jungen Hochqualifizierten in der Schweiz. Empirische Analyse der Hochschulabsolventenjahrgänge 1998 bis 2004, Neuchâtel.

Burgess, S., Profit, S. (2001): Externalities in the Matching of Workers and Firms in Britain, Labour Economics, 8, S. 313–333.

Cameron, A. C., Trivedi, P. K. (2005): Microeconometrics. Methods and Applications, Cambridge, New York.

Cameron, A. C., Trivedi, P. K. (1986): Econometric Models Based on Count Data: Comparisons and Applications of some Estimators and Tests, Journal of Applied Econometrics, 1, S. 29–53.

Cameron, A. C., Trivedi, P. K. (1990): Regression-Based Tests for Overdispersion in the Poisson Model, Journal of Econometrics, 46, S. 347-364.

Cameron, A. C., Trivedi, P. K. (1998): Regression analysis of count data, Cambridge.

Cameron, A. C., Trivedi, P. K. (2009): Microeconometrics Using Stata, College Station, Texas.

Cameron, A. C., Windmeijer, F. A. G. (1996): R-Squared Measures for Count Data Regression Models With Applications to Health-Care Utilization, Journal of Business & Economic Statistics, 14(2), S. 209–220.

Chun, J. (1996): Interregional migration and regional development, Aldershot.

Cliff, A. D., Ord, J. K. (1981): Spatial Processes: Models & Applications, London.

Dexheimer, V. (2002): Zähldatenmodelle (Count Data Models), Ansätze und Anwendungen, Arbeitspapier des Instituts für Statistik und Ökonometrie, 23.

Dionne, G., Vanasse, C. (1992): Automobile Insurance Ratemaking in the Presence of Asymmetrical Information, Journal of Applied Econometrics, 7, S. 149–165.

Drews, N. (2006): Qualitätsverbesserung der Bildungsvariable in der IAB-Beschäftigenstichprobe 1975-2001, FDZ Methodenreport Nr. 5/2006, http://doku.iab.de/fdz/reporte/2006/MR_05-06.pdf, letzter Abruf: 26.01.2009.

Drews, N. (2008): Das Regionalfile der IAB-Beschäftigtenstichprobe 1975-2004, Handbuch-Version 1.0.0., Nürnberg.

Eckey, H.-F., Kosfeld, R., Dreger, C. (2004): Ökonometrie. Grundlagen, Methoden, Beispiele, 3. Aufl., Wiesbaden.

Eckey, H.-F., Kosfeld, R., Türck, M. (2005): Intra- und internationale Spillover-Effekte zwischen den EU-Regionen, Jahrbücher für Nationalökonomie und Statistik, 227/3, S. 600–621.

Eckey, H.-F., Kosfeld, R., Türck, M. (2006a): Abgrenzung deutscher Arbeitsmarktregionen, Volkswirtschaftliche Diskussionsbeiträge, 20/01.

Eckey, H.-F., Kosfeld, R., Türck, M. (2006b): Räumliche Ökonometrie, WiSt Wirtschaftswissenschaftliches Studium, 3, S. 548–554.

Eckey, H.-F., Muraro, N. (2008): Regionalökonomie, Wiesbaden.

Eckey, H.-F., Schwengler, B., Türck, M. (2007): Vergleich von deutschen Arbeitsmarktregionen, IAB Discussion Paper, 3.

Eichhorn, L. (2007): Niedersachsen - das Land und seine Regionen. Land, Bezirke, Landkreise, kreisfreie Städte, Hannover.

Elhorst, J. P. (2003): Specification and Estimation of Spatial Panel Data Models, International Regional Science Review, 26, S. 244–268.

Elhorst, J. P., Blien, U., Wolf, K. (2007): New Evidence on the Wage Curve: A Spatial Panel Approach, International Regional Science Review, 2, 30, S. 173–191.

Enders, W. (2004): Applied Econometric Time Series, 2. ed., Hoboken, NJ.

Fitzenberger, B., Osikominu, A., Völter, R. (2005): Imputation Rules to Improve the Education Variable in the IAB Employment Subsample, ZEW Discussion Paper, 05-10.

Florax, R. J. G. M., de Graaff, T. (2004): The Performance of Diagnostic Tests for Spatial Dependence in Linear Regression Models: A Meta-Analysis of Simulation Studies. In: Anselin, L., Florax, R. J. G. M., Rey, S. J. (Hrsg.): Advances in Spatial Econometrics. Methodology, Tools and Applications, Berlin, S. 29–65.

Florax, R. J. G. M., Rey, S. (1995): The Impacts of Misspecified Spatial Interaction in Linear Regression Models. In: Anselin, L., Florax, R. (Hrsg.): New Directions in Spatial Econometrics, Berlin, S. 111–135.

Franz, W. (2003): Arbeitsmarktökonomik, 5., vollst. überarb. Aufl., Berlin.

Getis, A. (2007): Reflections on spatial autocorrelation, Regional Science and Urban Economics, 37, S. 491–496.

Getis, A., Aldstadt, J. (2004): Constructing the Spatial Weights Matrix Using a Local Statistic, Geographical Analysis, 2, 36, S. 90–104.

Google Maps (o. J.): Tool zur Messung von Entfernungen, http://maps.google.de/, letzter Abruf: 22.01.2009.

Gourieroux, C., Monfort, A., Trognon, A. (1984a): Pseudo Maximum Likelihood Methods: Applications to Poisson Models, Econometrica, 52(3), S. 701–720.

Gourieroux, C., Monfort, A., Trognon, A. (1984b): Pseudo Maximum Likelihood Methods: Theory, Econometrica, 52(3), S. 681–700.

Greene, W. H. (2008): Econometric Analysis, 6. ed., Upper Saddle River, NJ.

Habich, R., Spellerberg, A. (2008): Lebensbedingungen im regionalen Vergleich. In: Dallinger, G., Koenig, R., Willand, I., Noll, H.-H., Habich, R. (Hrsg.): Datenreport 2008. Ein Sozialbericht für die Bundesrepublik Deutschland, Bonn, S. 323–330.

Hemmer, H.-R., Lorenz, A. (2004): Grundlagen der Wachstumsempirie, München.

Hill, R. C., Griffiths, W. E., Lim, G. C. (2008): Principles of Econometrics, 3. ed., Hoboken, NJ.

Hsiao, C. (2003): Analysis of Panel Data, 2. ed., Cambridge.

Kalter, F. (2000): Theorien der Migration. In: Mueller, U. (Hrsg.): Modelle und Methoden, Berlin, S. 438–475.

Kapoor, M., Kelejian, H. H., Prucha, I. R. (2007): Panel data models with spatially correlated error components, Journal of Econometrics, 140, S. 97-130.

Kelejian, H. H., Robinson, D. P. (1995): Spatial Correlation: A Suggested Alternative to the Autoregressive Model. In: Anselin, L., Florax, R. (Hrsg.): New Directions in Spatial Econometrics, Berlin, S. 75–95.

Keller, W., Shiue, C. H. (2007): The origin of spatial interaction, Journal of Econometrics, 140, S. 304–332.

King, G. (1989): Variance Specification in Event Count Models: From Restrictive Assumptions to a Generalized Estimator, American Journal of Political Science, 33(3), S. 762–784.

Kirchgässner, G., Wolters, J. (2006): Einführung in die moderne Zeitreihenanalyse, München.

Kirdar, M. G., Saracoglu, D. S. (2008): Migration and regional convergence: An empirical investigation for Turkey, Papers in Regional Science, 87(4), S. 545–566.

Klotz, S. (2004): Cross Sectional Dependence in Spatial Econometric Models. With an Application to German Start-up Activity Data, Münster.

Kosfeld, R., Eckey, H.-F., Dreger, C. (2005): Regional Convergence in Unified Germany: A Spatial Econometric Perspective, in: Dreger, C., Galler, H. (Hrsg.): Advances in macroeconometric modeling, Papers and Proceedings of the 3rd IWH Workshop in Macroeconometrics, Baden-Baden, S. 189-214.

Kosfeld, R., Lauridsen, J. (2003): Dynamic Spatial Modelling of Regional Convergence Processes, Volkswirtschaftliche Diskussionsbeiträge, 20/01.

Lammers, K. (2003): Süd-Nord-Gefälle in West- und Ostdeutschland?, Wirtschaftsdienst, 11, S. 736–739.

Lauridsen, J., Kosfeld, R. (2006): A test strategy for spurious spatial regression, spatial nonstationarity, and spatial cointegration, Papers in Regional Science, 86/3.

LeSage, J. P. (1999): The Theory and Practice of Spatial Econometrics, http://www.spatial-econometrics.com/html/sbook.pdf, letzter Abruf: 31.10.2008.

Longhi, S., Nijkamp, P. (2007): Forecasting Regional Labor Market Developments under Spatial Autocorrelation, International Regional Science Review, 2, 30, S. 100–119.

Lucas, R. E. (1988): On the Mechanics of Economic Development, Journal of Monetary Economics, 22, S. 3–42.

Lutter, H. (2006): Raumordnungsbericht 2005, Bonn.

Machin, S., Pelkonen, P., Salvanes, K. G. (2008): Education and Mobility, IZA Discussion Paper, 3845.

Mankiw, N. G., Romer, D., Weil, D. N. (1992): A Contribution To The Empirics Of Economic Growth, Quarterly Journal of Economics, 107(2), S. 407–437.

Niebuhr, A. (2000): Räumliche Wachstumszusammenhänge - Empirische Befunde für Deutschland, HWWA Discussion Paper, 84.

Odland, J. (1988): Spatial Autocorrelation, Beverly Hills.

OECD (2008): The Global Competition for Talent. Mobility of the Highly Skilled, Paris.

Pinske, J. (2004): Moran-Flavored Tests with Nuisance Parameters: Examples. In: Anselin, L., Florax, R. J. G. M., Rey, S. J. (Hrsg.): Advances in Spatial Econometrics. Methodology, Tools and Applications, Berlin, S. 67–77.

Ravenstein, E. G. (1972a): Die Gesetze der Wanderung I. In: Széll, G. (Hrsg.): Regionale Mobilität. 11 Aufsätze, München, S. 41–64.

Ravenstein, E. G. (1972b): Die Gesetze der Wanderung II. In: Széll, G. (Hrsg.): Regionale Mobilität. 11 Aufsätze, München, S. 65–94.

Rohr-Zänker, R. (1998): Regionalentwicklung und Arbeitsmarkt. Zuwanderung hochqualifizierter Arbeitskräfte in strukturschwache Regionen, am Beispiel der Weser-Ems-Region, Oldenburg.

Rose, K. (1995): Grundlagen der Wachstumstheorie. Eine Einführung, 6. Aufl., Göttingen.

Roy, A. D. (1951): Some Thoughts on the Distribution of Earnings, Oxford Economic Papers, 2, 3, S. 135–146.

Schettkat, R. (2002): Bildung und Wirtschaftswachstum, Mitteilungen aus der Arbeitsmarkt- und Berufsforschung, 35.

Schulze, P. M. (2007): Beschreibende Statistik, 6. Aufl., München.

Schulze, P. M. (1980): Region und Informationssystem, München.

Schulze, P. M. (1993/1994): Zur Messung räumlicher Autokorrelation, Jahrbuch für Regionalwissenschaft, 14/15.

Schulze, P. M. (1998): Räumliche lineare Regressionsmodelle, Jahrbuch für Regionalwissenschaft, 26.

Schulze, P. M., Prinz, A., Schweinberger, A. (2006): Angewandte Statistik und Ökonometrie mit WinRATS, München.

Shapiro, J. M. (2006): Smart Cities: Qualitiy of Life, Productivity, and the Growth Effects of Human Capital, The Review of Economics and Statistics, 88(2), S. 324–335.

Sinz, M. (2005): Region. In: Akademie für Raumforschung und Landesplanung (Hrsg.): Handwörterbuch der Raumordnung, Hannover, S. 919-923.

Solow, R. M. (1956): A Contribution to the Theory of Economic Growth, The Quarterly Journal of Economics, 70(1), S. 65–94.

Spehl, H., Feser, H.-D., Schulze, P. M., Flohr, M., Malottki, C. von, Sauerborn, K., Sauer, M., Benson, L. (2005): Regionalwirtschaftliche Wirkungen der Hochschulen und Forschungseinrichtungen in Rheinland-Pfalz. Wertschöpfungs-, Einkommens- und Beschäftigungseffekte durch Bau und Betrieb der Einrichtungen. Langfassung, Trier.

Statistisches Bundesamt (2007): Statistik regional. Daten für die Kreise und kreisfreien Städte Deutschlands, Düsseldorf.

Stillwell, J., Congdon, P. (1991): Migration modelling: concepts and contents. In: Stillwell, J., Congdon, P. (Hrsg.): Migration Models. Macro and Micro Approaches, London, S. 1–16.

Südekum, J. (2006): Human Capital Externalities and Growth of High- and Low-Skilled Jobs, IZA Discussion Paper, 1969.

Südekum, J. (2008): Convergence of the skill composition across German regions, Regional Science and Urban Economics, 38, S. 148–159.

Tarazona, M. (2006): Regionale Bildungsstrukturen und Beschäftigung in Deutschland, Working Paper, Rat für Sozial und WirtschaftsDaten, 18.

Timm, U. (2008): Wohnsituation in Deutschland 2006. Ergebnisse der Mikrozensus-Zusatzerhebung, Wirtschaft und Statistik, 2, S. 113–122.

Tobler, W. R. (1970): A Computer Movie Simulating Urban Growth in the Detroit Region, Economic Geography, 46, S. 234–240.

Tutz, G. (2000): Die Analyse kategorialer Daten. Anwendungsorientierte Einführung in Logit-Modellierung und kategoriale Regression, München.

Varga, A. (2000): Local Academic Knowledge Transfers and the Concentration of Economic Activity, Journal of Regional Science, 17/3.

Verbeek, M. (2008): A Guide to Modern Econometrics, 3. ed., Chichester.

Winkelmann, R. (2008): Econometric Analysis of Count Data, 5th ed., Berlin, Heidelberg.

Winkelmann, R., Boes, S. (2006): Analysis of Microdata, Berlin, Heidelberg.

Winkelmann, R., Zimmermann, K. F. (1995): Recent Developments in Count Data Modelling: Theory and Application, Journal of Economic Surveys, 9(1), S. 1–24.

Winkelmann, R., Zimmermann, K. F. (1998): Is Job Stability declining in Germany? Evidence from Count Data Models, Applied Economics, 30, S. 1413–1420.

Wooldridge, J. M. (2002): Econometric Analysis of Cross Section and Panel Data, Cambridge.

Zimmermann, H. (2007): Die Rolle "mittlerer Regionen" aus ökonomischer Sicht: Regionen zwischen Agglomeration und ländlich-strukturschwachem Raum. In: Köhler, S. (Hrsg.): Wachstumsregionen fernab der Metropolen. Chancen, Potenziale und Strategien, Hannover, S. 8–21.

Schriften zur empirischen Wirtschaftsforschung

Herausgegeben von Peter M. Schulze und Peter Winker

Band 1 Christoph Balz: Multivariate Überprüfung von Hysteresiseffekten. Eine empirische Analyse ausgewählter Arbeitsmärkte. 1999.

Band 2 Daniel Porath: Fiskalische Beurteilung der Staatsverschuldung mit ökonometrischen Methoden. Eine empirische Studie für die Bundesrepublik Deutschland. 1999.

Band 3 Martina Johannsen: Theorie und Empirie von Arbeitsmärkten. Eine ökonometrische Analyse für Rheinland-Pfalz. 2000.

Band 4 Peter M. Schulze: Regionales Wachstum und Strukturwandel. Quantitative Analyse mit Regionaldaten für die Bundesrepublik Deutschland. Unter Mitarbeit von Christoph Balz. 2001.

Band 5 Nora Lauterbach: Tertiarisierung und Informatisierung in Europa. Eine empirische Analyse des Strukturwandels in Deutschland, Frankreich, Italien und Großbritannien. 2004.

Band 6 Robert Skarupke: Renditen von Bildungsinvestitionen. Paneldaten-Schätzungen für die Bundesrepublik Deutschland. 2005.

Band 7 Manfred Scharein: Zur Theorie skalenparametergesplitteter Verteilungen und ihrer Anwendung auf den deutschen Aktienmarkt. 2005.

Band 8 Ke Ma: Quantitative Renditeanalysen am deutschen Aktienmarkt mit Multifaktoren-Modellen. 2005.

Band 9 Jens Ulrich Hanisch: Rounding of Income Data. An Empirical Analysis of the Quality of Income Data with Respect to Rounded Values and Income Brackets with Data from the European Community Household Panel. 2007.

Band 10 Yvonne Lange: Fertilität und Erwerbsbeteiligung von Frauen in Deutschland. Eine empirische Analyse. 2007.

Band 11 Jörg Schmidt: Relative Deprivation, Arbeitszufriedenheit und Betriebswechsel. Eine Analyse auf Basis von Linked Employer-Employee Daten. 2008.

Band 12 Tanja Kasten: Monetäre und nicht-monetäre Effekte von Erwerbsunterbrechungen. Eine mikroökonometrische Analyse auf Basis des SOEP. 2008.

Band 13 Alexander Prinz: Quantitative Analysen zum deutschen und internationalen Luftfrachtmarkt. 2008.

Band 14 Anke Koch: Regionale Verteilung der Beschäftigung in Deutschland. Panel- und Zähldatenmodelle. 2009.

www.peterlang.de